ぱじゃまご飯

わたなべ萌

プロローグ

この漫画の主人公
枦山《はじやま》草介《そうすけ》の
パジャマ大好き
家族の「おでんちゃん」
ごはん大好き
職業 フリーイラストレーター
1日のルーティーンをご紹介します
9：00
早起きは大の苦手
夜型人間なので
朝はゆっくり起きる
おでんちゃんおはよ
9：30
朝食作り
まだ半分夢の中
ぼーっとしてるので
よく料理を焦がす
めだまやきは
先にフライパンに
塩をふると
味が均一になる
10：00
遅めの朝食
いただきます！

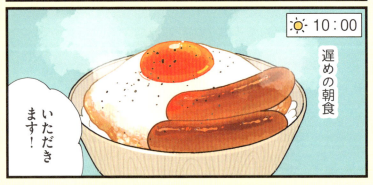

朝ご飯の後は
仕事用のぱじゃまに
着替える
キリッ
何が変わったのかは
本人しかわかりません
11：00
仕事始め
まずはメールの確認…
・・・
おでんちゃんはこの後
部屋から閉め出されます
13：00
ごそごそ
キムチとのりとあとは…
作るのは面倒くさいので
テキトーにあるものを食べる
ツナ缶＋醤油＋キムチとご飯をのりで巻いて…
いただきます！

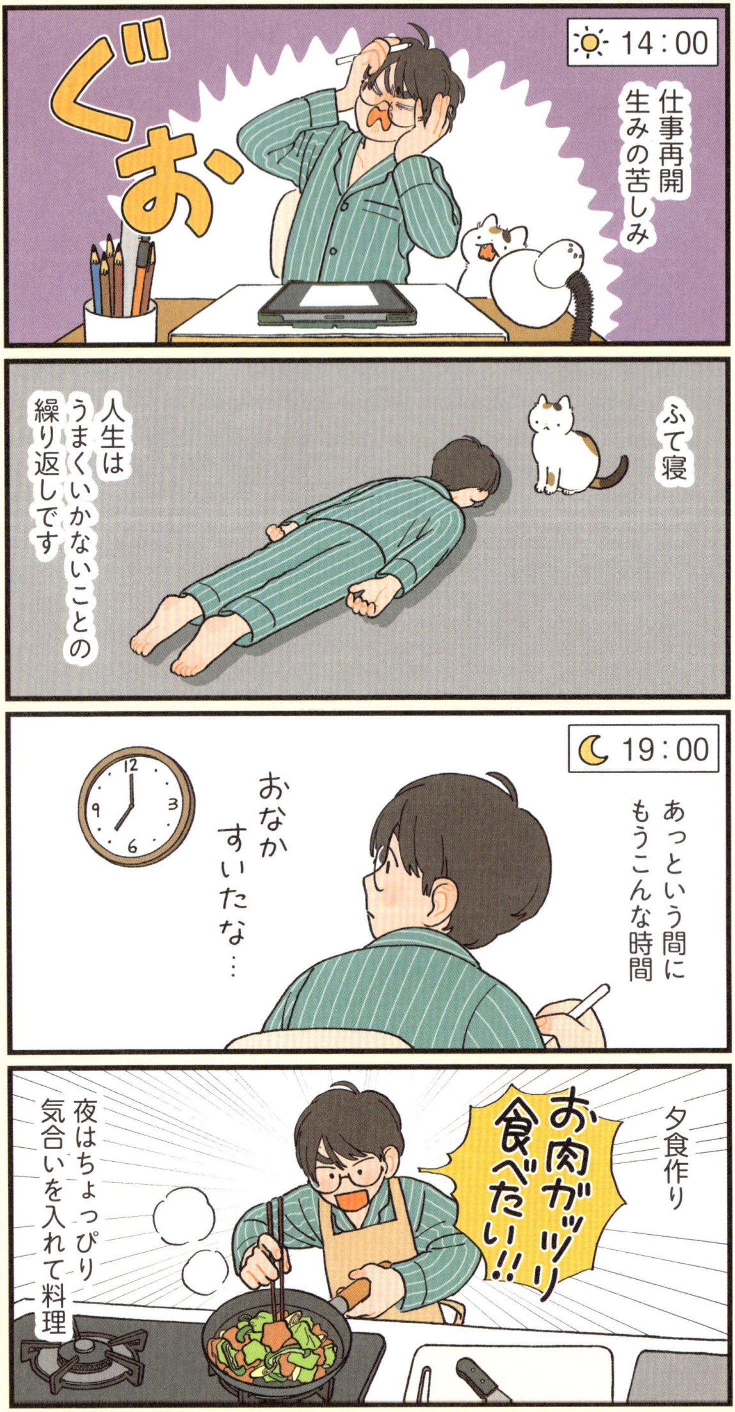
14:00
仕事再開
生みの苦しみ
ぐぉ
ふて寝
人生は
うまくいかないことの
繰り返しです
19:00
あっという間に
もうこんな時間
おなか
すいたな…
夕食作り
お肉ガッツリ
食べたい!!
夜はちょっぴり
気合いを入れて料理

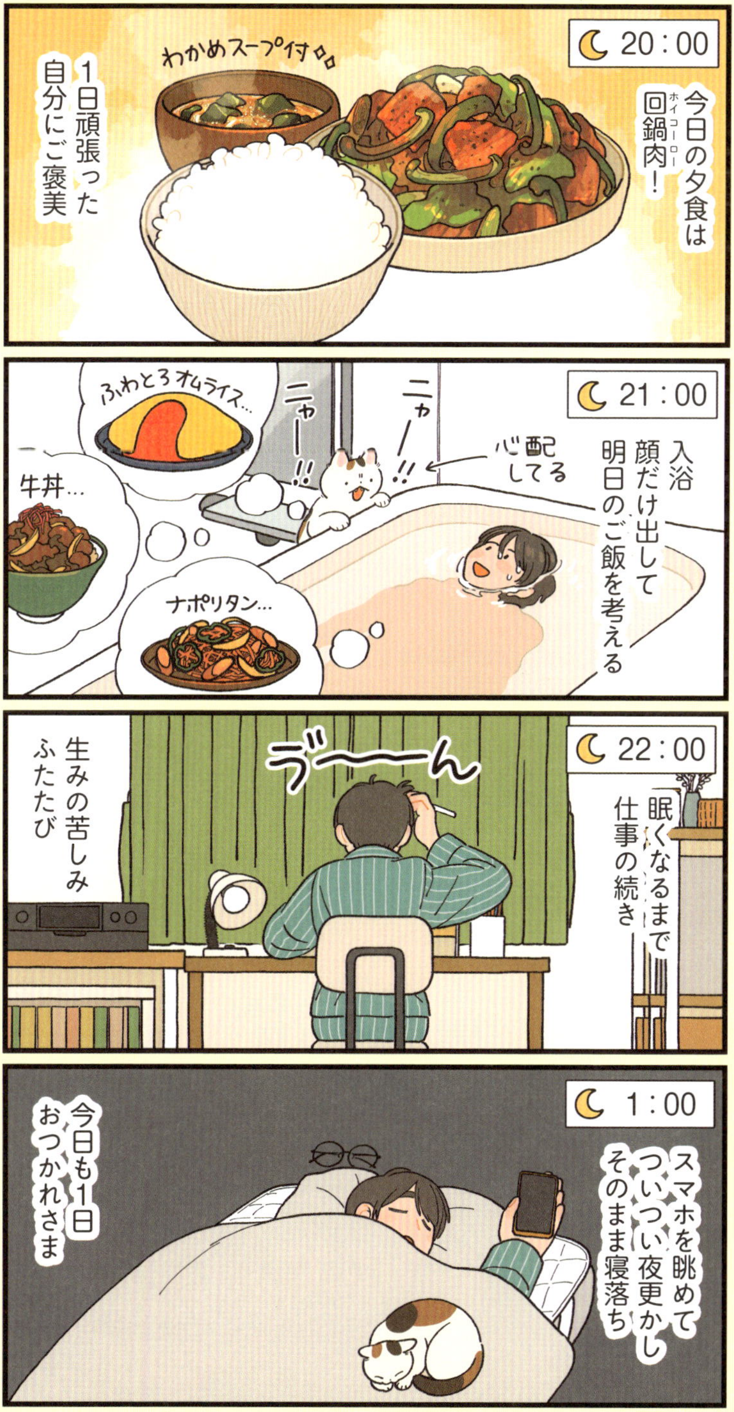
20:00
今日の夕食は回鍋肉《ホイコーロー》！
わかめスープ付
1日頑張った自分にご褒美
21:00
入浴
顔だけ出して明日のご飯を考える
ニャー!!
ニャー!!
心配してる
ふわとろオムライス…
牛丼…
ナポリタン…
22:00
眠くなるまで仕事の続き
ゔ〜〜ん
生みの苦しみふたたび
1:00
スマホを眺めてついつい夜更かしそのまま寝落ち
今日も1日おつかれさま

目次

間取り紹介

―在宅ワーク男子1人&猫1匹暮らし―

枦山草介の１日は

ほとんどこの部屋で完結する。

キッチン紹介

――基本の調味料&道具――

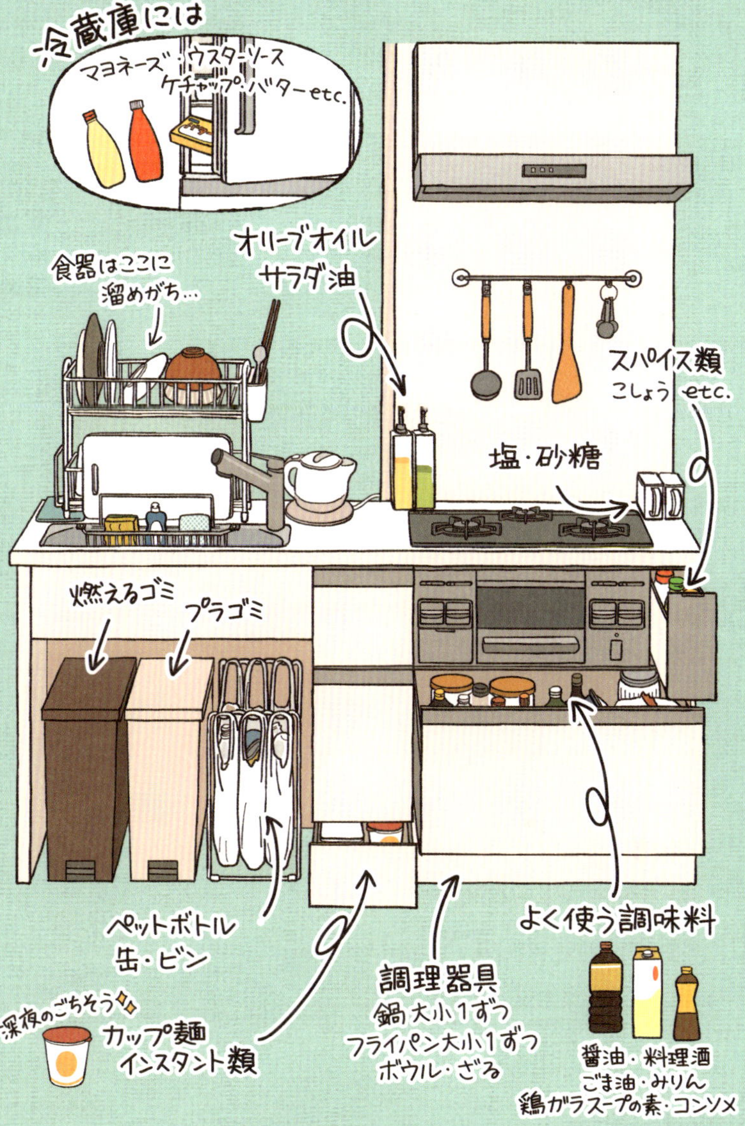

一人暮らしのよくあるキッチン。
食べることが好きなので、
調味料や道具は一通り揃っている。
（たまに珍しい調味料を買って、余らせることも…。）
後ろにはトースターや冷蔵庫、食器棚を配置。

※ここに記載のない調味料や道具が出てくるレシピもあります。

深夜の背徳ラーメン

わすれ
ない!!!
がパーッ
しょうゆラーメン
しょうゆラーメン

本当は
こんな時間に
食べたら良くないん
だけどな〜
しょうがないよな〜
しょうがない
テレビが悪い!!
うんうん
トッピングは
冷蔵庫にあった
キムチ
のり
ちょっと
残ってた
ねぎ
あとは…
焼のり
10枚入り
キムチ
国産
卵！
…は茹でると
時間かかるから…
そーっと
かぶるくらいの
水
耐熱容器
重要
プスッ
黄身に穴をあけて
ラップをせずにレンジで
1分

できた〜!!
禁断の深夜ラーメン
ズズ〜
こんなの
美味しくない
わけがない!!

キムチの酸味と辛さがいいアクセントになってる！
アツアツのスープが体に染みる～!!
卵…ちょっとイビツだけど
半熟でトロトロ…
これ麺にからめて食べると最高なんだよな
ウワーッ!!
たすけて!!
ゴクゴク
スープまで飲み干してしまう!!誰か止めてくれ～～!!
まあ止められたって止まらないんですけど
あーあまた歯磨きしなきゃこれも全部テレビのせい

深夜の背徳ラーメン

材料（1人分）

- ・袋ラーメン　1袋
- ・卵　1個
- ・キムチ　お好みの量
- ・のり　お好みの量
- ・刻みねぎ　お好みの量

作り方

1 ラーメンを袋の表示通りに作る。

2 卵を耐熱容器に割り入れ、
かぶるくらいの水を入れる。
楊枝で黄身に穴をあけ、ラップをせずに
電子レンジで1分加熱する。

3 **1**に**2**の卵、キムチ、のり、刻みねぎをのせる。

pajamas
gohan
recipe

最高の卵かけご飯

何も
やる気が出ない
なんなら
まだ眠い
お腹だけは
やる気満々だな
ぐ〜
何か
食べるもの…
うおっ
まぶしっ!!

これは…！昨日スーパーで奮発した
高級たまご
お高い卵!!
ひらめいた!
卵と言ったらあれだよねあれ!!
まず白身と黄身を分けて…
白身とごま油ご飯をよ～く混ぜて
ごま油
うおおお!!!

黄身をのせて
醤油をかけたら…
じゃーん
卵かけご飯
ぷち
とろ〜ん
この黄身を割る瞬間
たまんないよな～
ご飯がキラキラして
宝石みたいだ

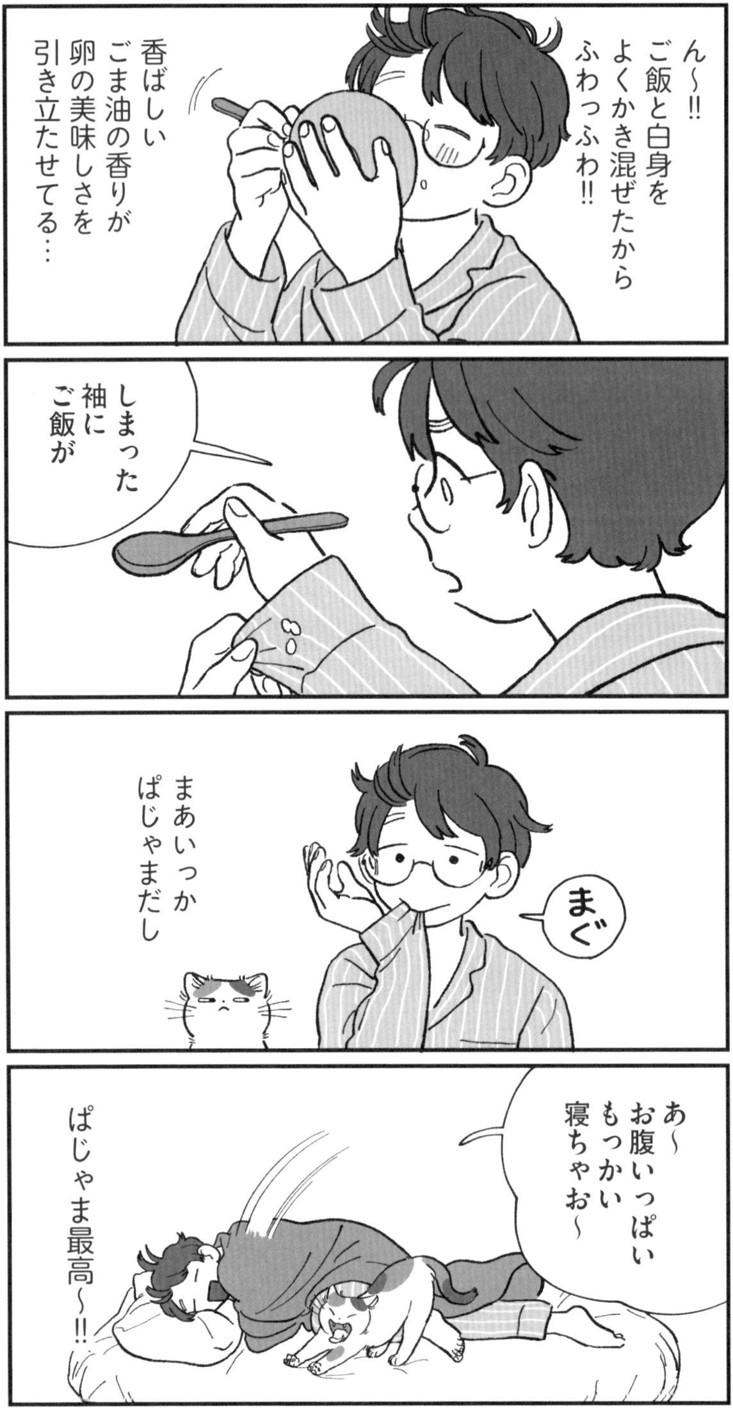
ん～!!
ご飯と白身を
よくかき混ぜたから
ふわっふわ!!
香ばしい
ごま油の香りが
卵の美味しさを
引き立たせてる…
しまった
袖に
ご飯が
まぐ
まあいっか
ぱじゃまだし
あ～
お腹いっぱい
もっかい
寝ちゃお～
ぱじゃま最高～!!

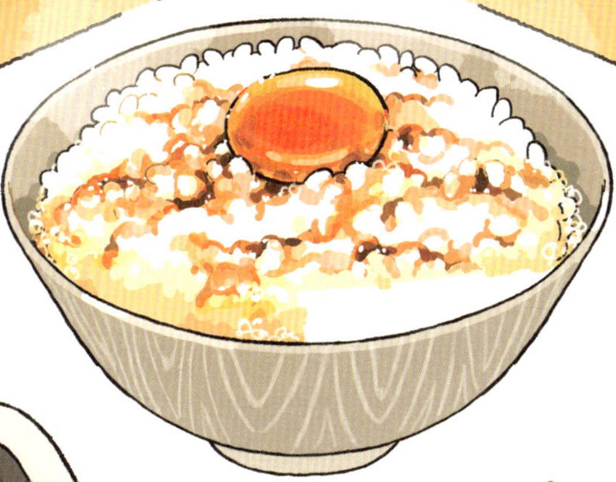

最高の卵かけご飯

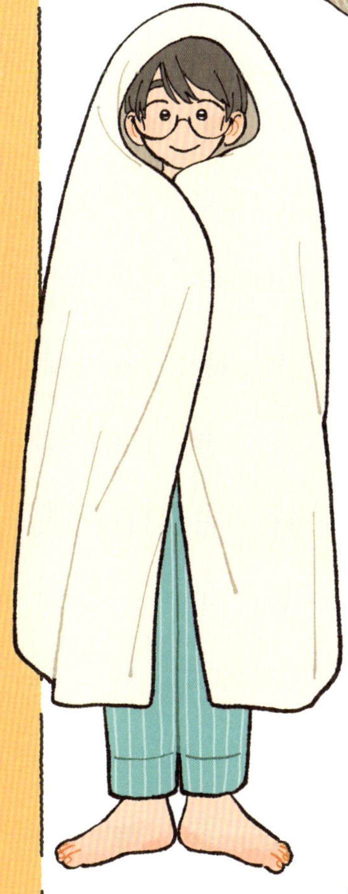

材料（1人分）

- 卵　1個
- ご飯　お茶碗1杯分
- ごま油　小さじ½
- 醤油　お好みの量

作り方

1 卵を割り、白身だけご飯に入れる。

2 **1**にごま油を入れて
ふわふわになるまで混ぜる。

3 **2**に黄身をのせて醤油をかける。

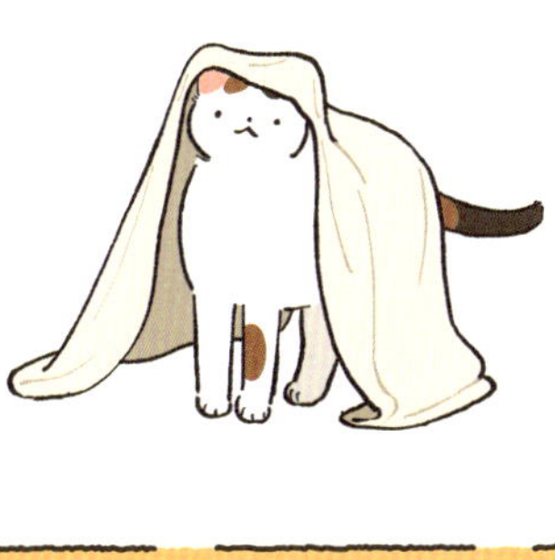

pajamas
gohan
recipe

懐かしのピザトースト

チュン
チュン
5:00
目が覚めちゃった…
時間あるし
ちょっと凝ったもの
作りたいな…
ピーマン
ツナ
ツナ
とろけるチーズ
これは
あれだ

ピザ
できる
じゃん
昔母ちゃんがよく作ってくれたな…
懐かしい…
まずは卵を茹でる
卵の丸い方にすこーしヒビを入れるとむきやすくなるよ
コン!
力入れすぎ注意!
玉ねぎは薄切りに
ピーマンは輪切りに

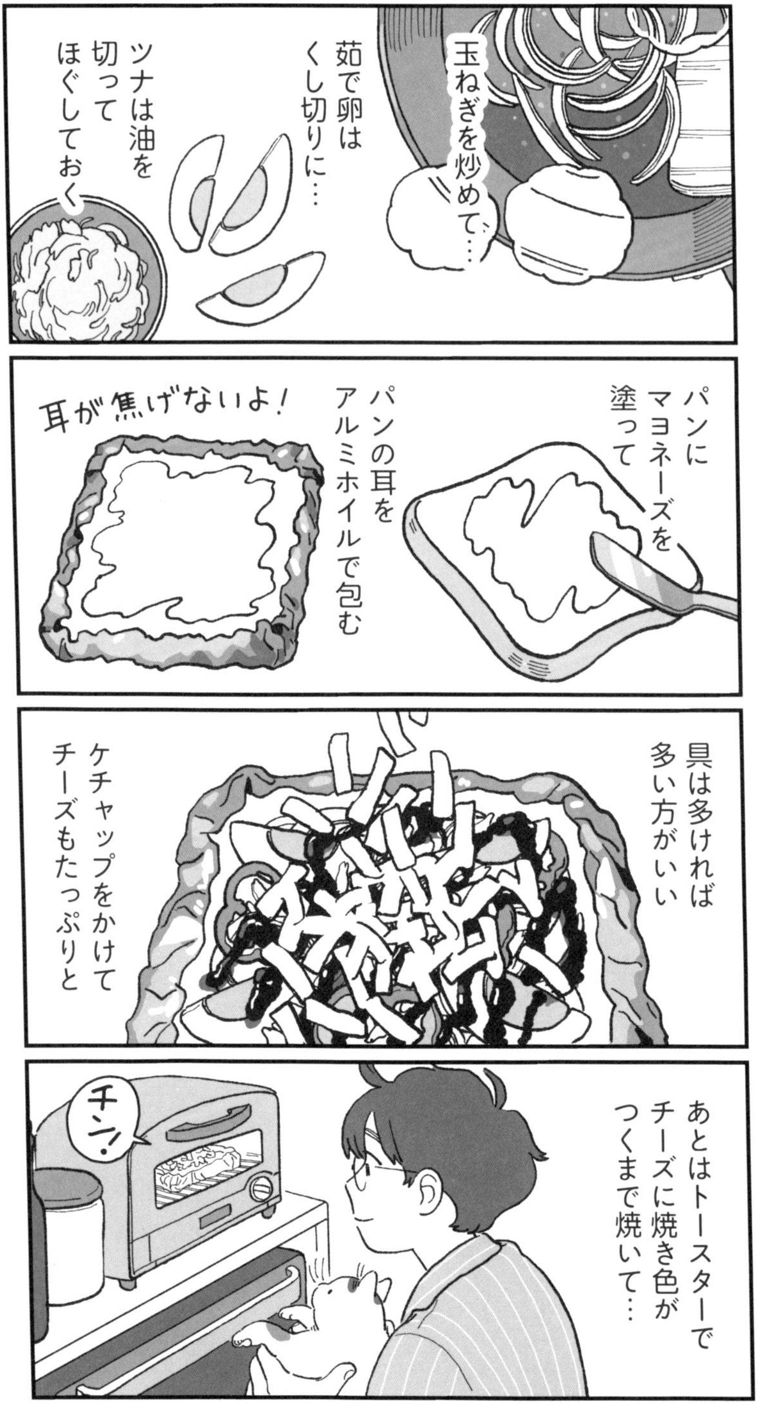
玉ねぎを炒めて…
茹で卵はくし切りに…
ツナは油を切ってほぐしておく
パンにマヨネーズを塗って
パンの耳をアルミホイルで包む
耳が焦げないよ!
具は多ければ多い方がいい
ケチャップをかけてチーズもたっぷりと
あとはトースターでチーズに焼き色がつくまで焼いて…
チン!

ピザトースト
さくっ
んまぁ〜〜!!
香ばしいチーズとケチャップの相性がバツグン!!

待てよ…これ
あれが合うんじゃ
ないか…?
ダッ
冷めないうちに
急げっ!!
ペッパーソース!!
大正解!!
ピリッと
さわやかな
辛みが後をひく…
昔とは違う
大人の味!
うわ―――!!!
夢中に
なってたら
ぱじゃまが
大変な
ことに!!
すぐ洗えば
落ちるかな…
ぱじゃまの
ついでに
シーツも
洗っちゃお!
まだ時間
たっぷりある
たまには早起きも
いいもんだな

懐かしのピザトースト

pajamas gohan recipe

材料（１人分）

- 食パン　１枚
- 卵　１個
- ツナ缶　⅓缶
- 玉ねぎ　¼個
- ピーマン　１個
- マヨネーズ　適量
- とろけるチーズ　お好みの量
- ケチャップ　お好みの量
- ペッパーソース　お好みの量

作り方

1. 卵は茹でてくし切りにする。
2. 玉ねぎは薄切り、ピーマンは輪切りにする。
3. **2**で切った玉ねぎをフライパンで炒める。
4. ツナは油を切ってほぐしておく。
5. パンにマヨネーズを塗り、パンの耳をアルミホイルで包む。
6. **1**の卵、**2**のピーマン、**3**の玉ねぎ、**4**のツナをのせて、上からケチャップとチーズをかける。
7. **6**をトースターでチーズに焼き色がつくまで焼く。お好みでペッパーソースをかける。

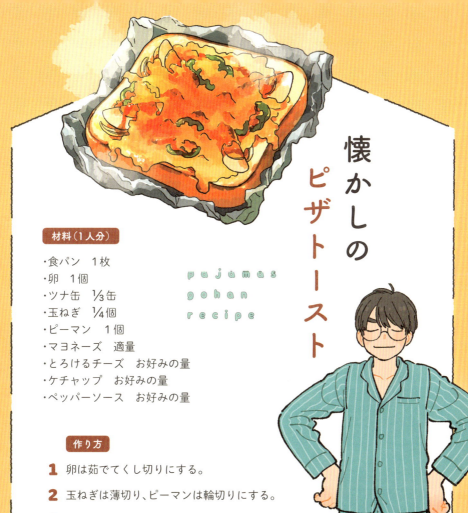

簡単！エビしゅうまいチリ

冷凍のむきエビで我慢するか…
ええ〜〜っ⁉
売り切れ⁉
カラッ
冷凍むきえび 360円(389円)
そんな…もうエビチリは諦めるしかないのか…
…ん？
こ…これは…⁉
ガチャッ
ただいまッ‼
よっしゃあ作るぞ！
・みそ大さじ1
・片栗粉大さじ1
・ケチャップ大さじ5
・水1/2カップ
・鶏ガラスープの素小さじ1/2
をよく混ぜておく
フライパンでねぎ・生姜・にんにくのみじん切りを炒めて香りが立ったら豆板醤を入れてさらに炒める

そしてエビの代わりはこれ!!
冷凍
エビシューマイ
プリプリ
袋の表示通りチンして投入!!
殻むきいらず！
わた取りいらず!!
臭み取りいらず!!!
よく混ぜた合わせ調味料を加えてとろみが出るまで揺すりながら煮る
中火
エビしゅうまいチリ

エビチリだ!!!
エビの味もしっかりするしチリソースがよくからんで美味しい!!
大きめのしゅうまいにしたから食べごたえある!!
安くて簡単だしもうこれでいいじゃん!!
残ったチリソースもったいないから
付け合わせのサンチュで包んで食べちゃお
美味しかった…これでもう突然エビチリが食べたくなっても安心だな…

簡単！エビしゅうまいチリ

材料（1人分）

- 冷凍エビしゅうまい　1袋（10～12個入り）
- ねぎ　½本
- 生姜　½片
- にんにく　½片
- みそ　大さじ1
- 片栗粉　大さじ1
- ケチャップ　大さじ5
- 水　½カップ
- 鶏ガラスープの素　小さじ½
- 豆板醤　大さじ1

作り方

1. みそ、片栗粉、ケチャップ、水、鶏ガラスープの素をよく混ぜておく。
2. ねぎ、生姜、にんにくをみじん切りにする。
3. 冷凍エビしゅうまいを袋の表示通りの時間で、電子レンジで温める。
4. **2**をフライパンで炒めて、香りが立ったら豆板醤を入れてさらに炒める。
5. **4**に**3**を入れて混ぜ合わせて**1**を加えてとろみが出るまで揺すりながら煮る。

pajamas
gohan
recipe

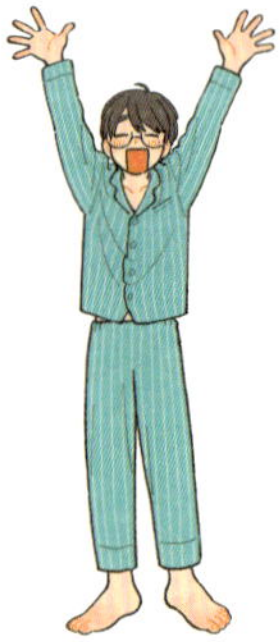

ちょっとリッチなふわふわホットケーキ

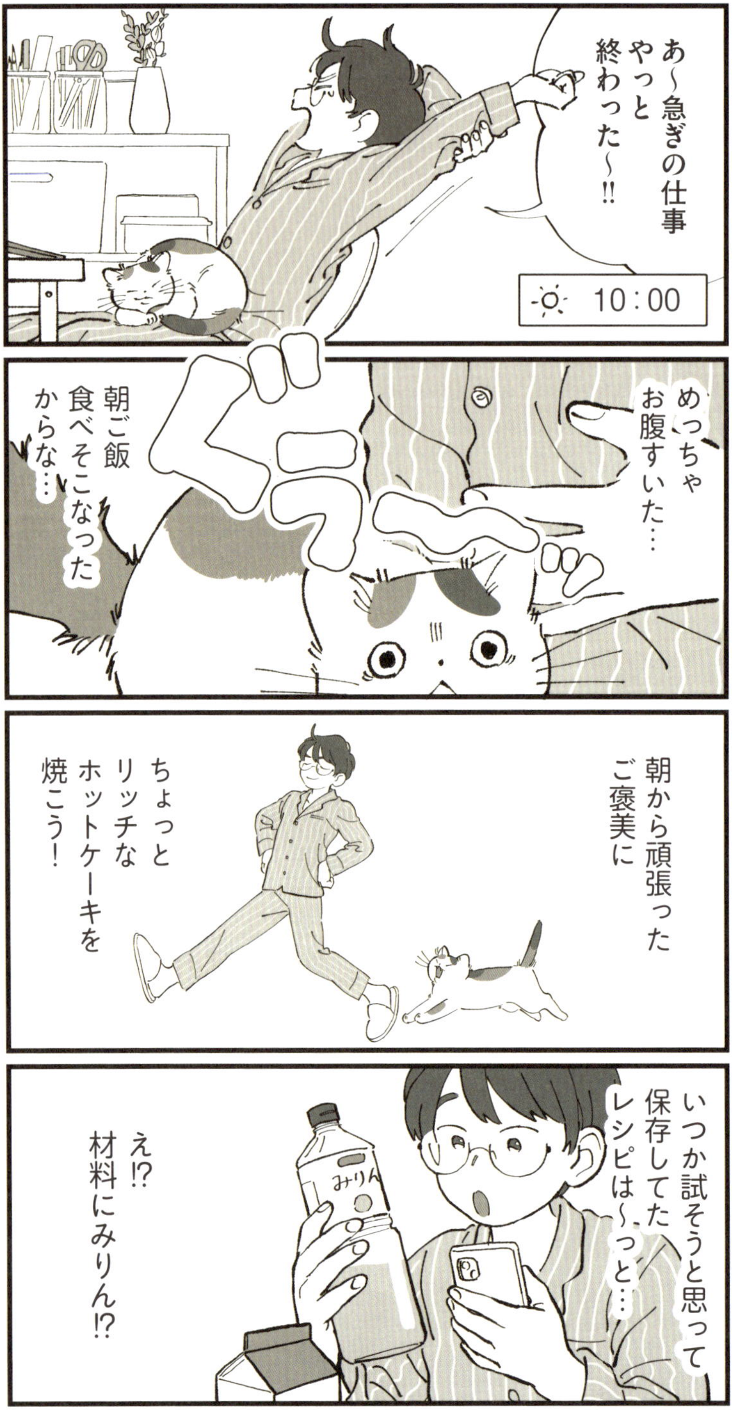

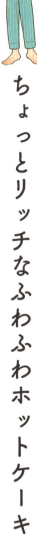

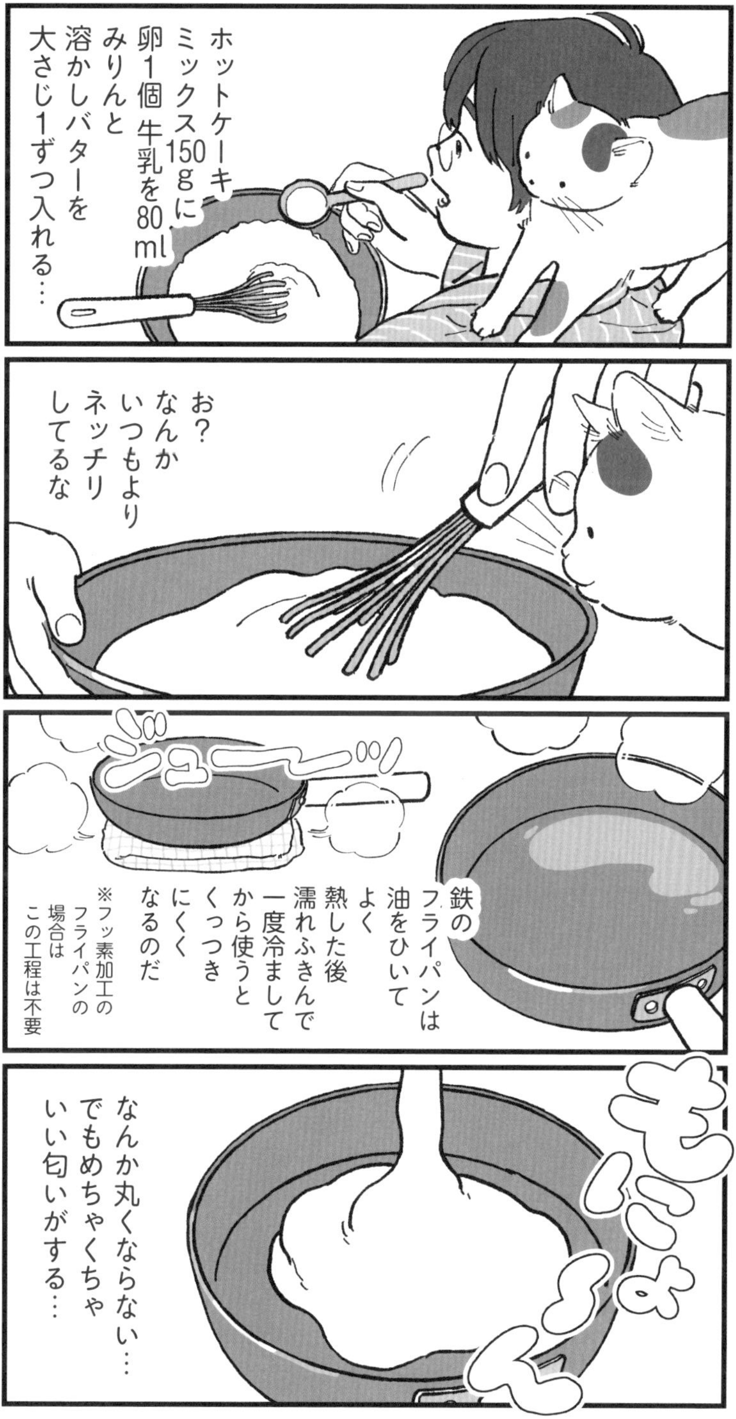
ホットケーキミックス150gに
卵1個 牛乳を80ml
みりんと溶かしバターを
大さじ1ずつ入れる…
お？
なんかいつもよりネッチリしてるな
鉄のフライパンは油をひいてよく熱した後濡れふきんで一度冷ましてから使うとくっつきにくくなるのだ
※フッ素加工のフライパンの場合はこの工程は不要
なんか丸くならない…
でもめちゃくちゃいい匂いがする…

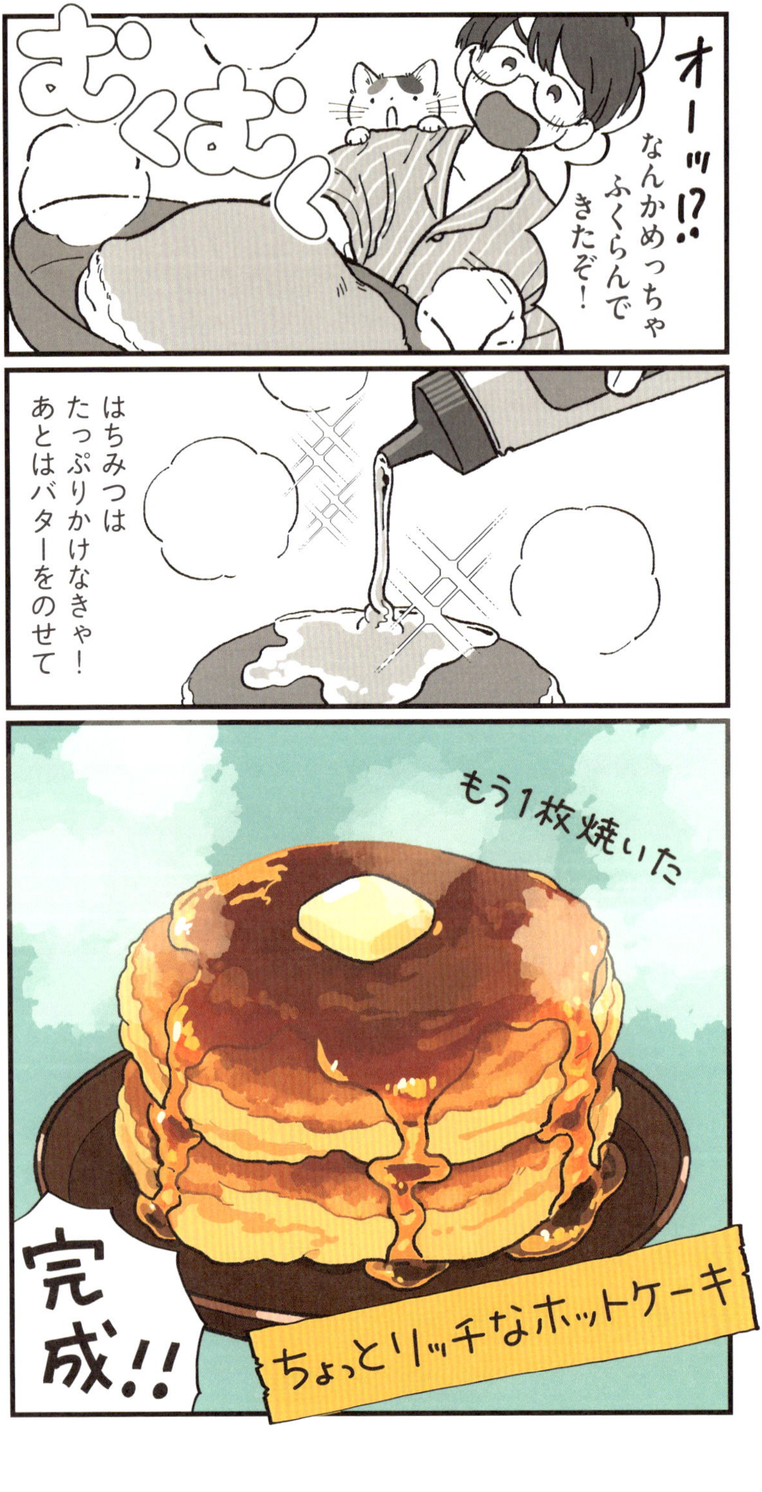
むくむく
オーッ!?!
なんかめっちゃ
ふくらんで
きたぞ!
はちみつは
たっぷりかけなきゃ!
あとはバターをのせて
もう1枚焼いた
完成!!
ちょっとリッチなホットケーキ

いい匂い…
すごく分厚くて
ふわふわ…
じゅわ…
ここのはちみつ
しみしみゾーン
からいただこう
幸せ
しっとりふっくら
してて
ほっぺがきゅ〜って
なるくらい美味しい…
はちみつに
負けないくらい
ホットケーキの味が
しっかりしてる…
あ〜
いっぱい食べて
大満足…
この
幸せな気持ちのまま
お昼寝しちゃおう

ちょっとリッチな ふわふわホットケーキ

pajamas
gohan
recipe

材料(1人分)

・ホットケーキミックス　150g
・卵　1個
・牛乳　80ml
・みりん　大さじ1
・溶かしバター　大さじ1
・サラダ油　適量
・はちみつ　お好みの量
・バター　お好みの量

作り方

1 ボウルにホットケーキミックス、卵、牛乳、みりん、溶かしたバターを入れて泡だて器で混ぜる。

2 フライパンにサラダ油をひいて熱し、**1**の生地を流し入れる。

3 弱火で3分ほど焼き、ひっくり返してもう片面も3分ほど焼く。

4 お好みではちみつやバターをかける。

arrange recipe

ホットケーキ
★アレンジ★

材料(1人分)

・ホットケーキミックス　150g
・卵　1個
・野菜ジュース　80ml
・みりん　大さじ1
・溶かしバター　12g
・サラダ油　適量
・はちみつ　お好みの量
・バター　お好みの量

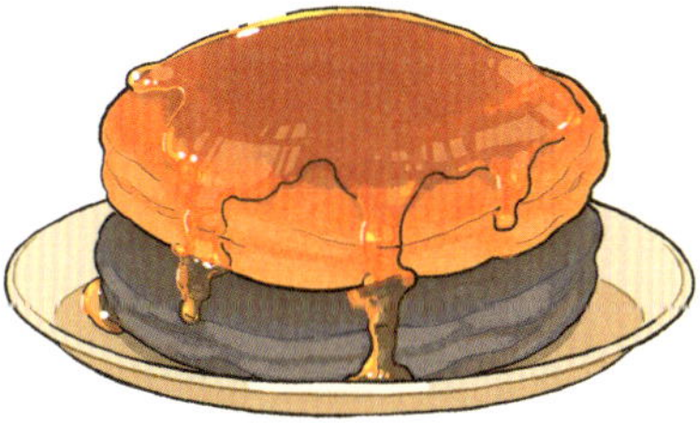

野菜ジュース ホットケーキ

作り方

P38のホットケーキのレシピの「牛乳」を「野菜ジュース」に変更するだけ！

アイスクリーム & アーモンドホットケーキ

材料(1人分)

・ホットケーキミックス　150g
・卵　1個
・バニラアイスクリーム　100g
（冷凍庫から取り出し、
10分程溶かしておく）
・みりん　大さじ1
・溶かしバター　12g
・サラダ油　適量
・アーモンドスライス　お好みの量

作り方

1 ボウルに卵、バニラアイスクリームを入れてよく混ぜてから、ホットケーキミックス、みりん、溶かしたバターを入れて泡だて器で混ぜる。

2 フライパンにサラダ油をひいて熱し、アーモンドスライスを散らし、1の生地を流し入れる。

3 弱火で3分ほど焼き、ひっくり返してもう片面も3分ほど焼く。

再現！ 理想の喫茶店オムライス

玉ねぎ1/4個
ピーマン1個を
粗みじん切りにして
鶏もも肉100gは
2cm角
マッシュルーム50gは
4等分に
大きめに切ることで
ごろっと感を出す！
フライパンに
オリーブオイルを
ひいて
鶏肉を赤みが
なくなるまで炒める
次に玉ねぎを入れ
火が通ったら
マッシュルーム
ピーマンを入れる
塩・こしょうをして
コンソメ小さじ1/2
焦がさないように
注意！
ケチャップ
大さじ2と1/2
ウスターソース
小さじ1を
じっくり炒めて
酸味を飛ばす！
そうするとお店の味に近づくって
前にテレビで観たのさ！
ご飯200gを入れて
よく混ぜ合わせる
ん〜!!
美味しそうな
匂い！

フライパンを
綺麗にしたら
次は卵！
フライパンに
バター10gを入れ
よく溶いた卵（3個）を
一気に入れて
初めは思いっきり
ぐちゃぐちゃにする！
ふわとろになれ〜
フライパン全体に
卵を広げて
半熟になったら
そーっと
チキンライスの上に
スライドしてのせる
あとは
ケチャップを
にゅ〜
好きなだけ
かけて…
お店の味!?オムライス

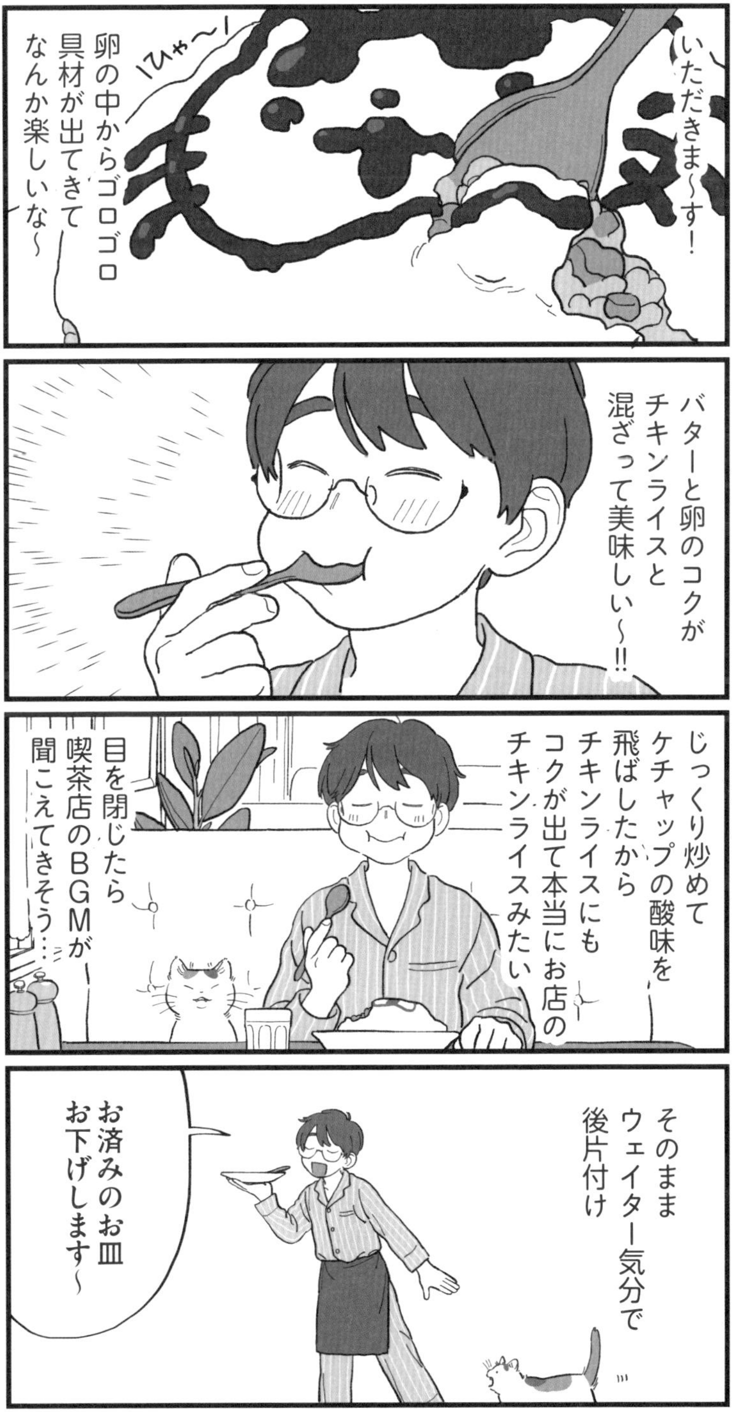

オムライスに絵描くと崩すの惜しくなるよね…

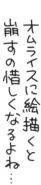

再現！理想の喫茶店オムライス

材料（1人分）

- 玉ねぎ　¼個
- ピーマン　1個
- マッシュルーム　50g
- 鶏もも肉　100g
- ご飯　200g
- バター　10g
- 卵　3個
- 顆粒コンソメ　小さじ½
- ケチャップ　大さじ2と½
- ウスターソース　小さじ1
- オリーブオイル　適量
- 塩・こしょう　適量
- ケチャップ（仕上げ用）　お好みの量

作り方

1 玉ねぎとピーマンは粗みじん切り、鶏もも肉は2cm角に切り、マッシュルームは4等分に切る。

2 フライパンにオリーブオイルをひいて、鶏もも肉を赤みが無くなるまで炒める。

3 **2**に玉ねぎを入れ、火が通ったらマッシュルームとピーマンを入れる。

4 **3**に塩、こしょう、コンソメ、ケチャップ、ウスターソースを加えて、じっくり炒める。

5 **4**にご飯を入れてよく混ぜ合わせ、しっかりと混ざったらお皿に移しておく。

6 **5**のフライパンを綺麗にするか、別のフライパンにバターを入れて溶かし、よく溶いた卵を入れる。

7 卵が半熟になったところで、**5**の上にのせる。

8 **7**にお好みでケチャップをかける。

pajamas gohan recipe

arrange recipe

オムライス ★アレンジ★

洋風おにぎり

作り方

ケチャップライスを
おにぎりの形に握る。
熱々のケチャップライス
（火傷に気をつけて！）の中に
チーズを入れても美味しいよ！

バターオムライス

材料（1人分）

- 玉ねぎ　¼個
- ピーマン　1個
- マッシュルーム　5個
- 鶏もも肉　100g
- ご飯　200g
- 有塩バター　20g
- 卵　3個
- 塩・こしょう　適量
- サラダ油　適量
- ケチャップ（仕上げ用）　お好みの量

作り方

1. 玉ねぎとピーマンは粗みじん切り、鶏もも肉は2cm角に切り、マッシュルームは4等分に切る。
2. フライパンにバターを入れて溶かし、玉ねぎを入れて中火で炒める。
3. 玉ねぎが半透明になったら鶏もも肉を入れ、火が通ったらマッシュルームとピーマンを入れる。
4. 3にご飯を入れてよく混ぜ合わせ、塩・こしょうで味を調え、お皿に移しておく。
5. 別のフライパンにサラダ油を入れ、よく溶いた卵を入れる。
6. 卵が半熟になったところで、5の上にのせる。
7. 6にお好みでケチャップをかける。

コンビニのおにぎりで！ 焼きおにぎり茶漬け

コンビニのおにぎりって時々無性に食べたくなるよな～
焼鮭
153円
(165円)
115円
(124円)
梅
梅
ここは定番の梅と…
おっ！鮭もいいね
ありがとうございました～
デザートにシュークリームも買っちゃった!!
あ～寒かった～
なんか温かいもの食べたい…
フンフン
買ってきたおにぎりで何か作れるかな…
そうだ!!

のりは破れてもOK
メリメリ
コンビニおにぎりを分解して薄くサラダ油をひいたフライパンで素っ裸おにぎりの両面を焼き色がつくまで焼く
※崩れやすいので優しくひっくり返す
深めのどんぶりにお吸い物の素と焼きおにぎりを入れ
お吸いもの
熱湯180mlを回しかける
おにぎりについていたのりをちぎって入れお好みで青のりを少々…
コンビニ焼きおにぎり茶漬け

はふっ
はふっ
は〜!! 体の芯まで あったまる〜!!
これ 食欲ない時でも 食べられる かも…
簡単で 間違いない 美味しさ!!
くあ〜
おにぎりの 焼き目が 香ばしくて 青のりの香りも すごく合うな〜
シュークリームは 自分へのご褒美
今日も おつかれさま

コンビニのおにぎりで！焼きおにぎり茶漬け

材料（1人分）

・コンビニのおにぎり　1個
　※具材はお好きなものでOK！
　のりつきの梅、鮭、昆布などがおすすめ
・お吸い物の素　1袋
・青のり　お好みの量
・サラダ油　適量

作り方

1 コンビニのおにぎりをご飯とのりに分ける。

2 フライパンにサラダ油をひいて、
おにぎりの両面を焼き色がつくまで中火で焼く。

3 深めのどんぶりにお吸い物の素と
2のおにぎりを入れ、熱湯180mlを回しかける。

4 **3**に、おにぎりについていたのりをちぎって入れ、
お好みで青のりを振りかける。

pajamas
gohan
recipe

1週間のご褒美に！ ブロッコリーフライ

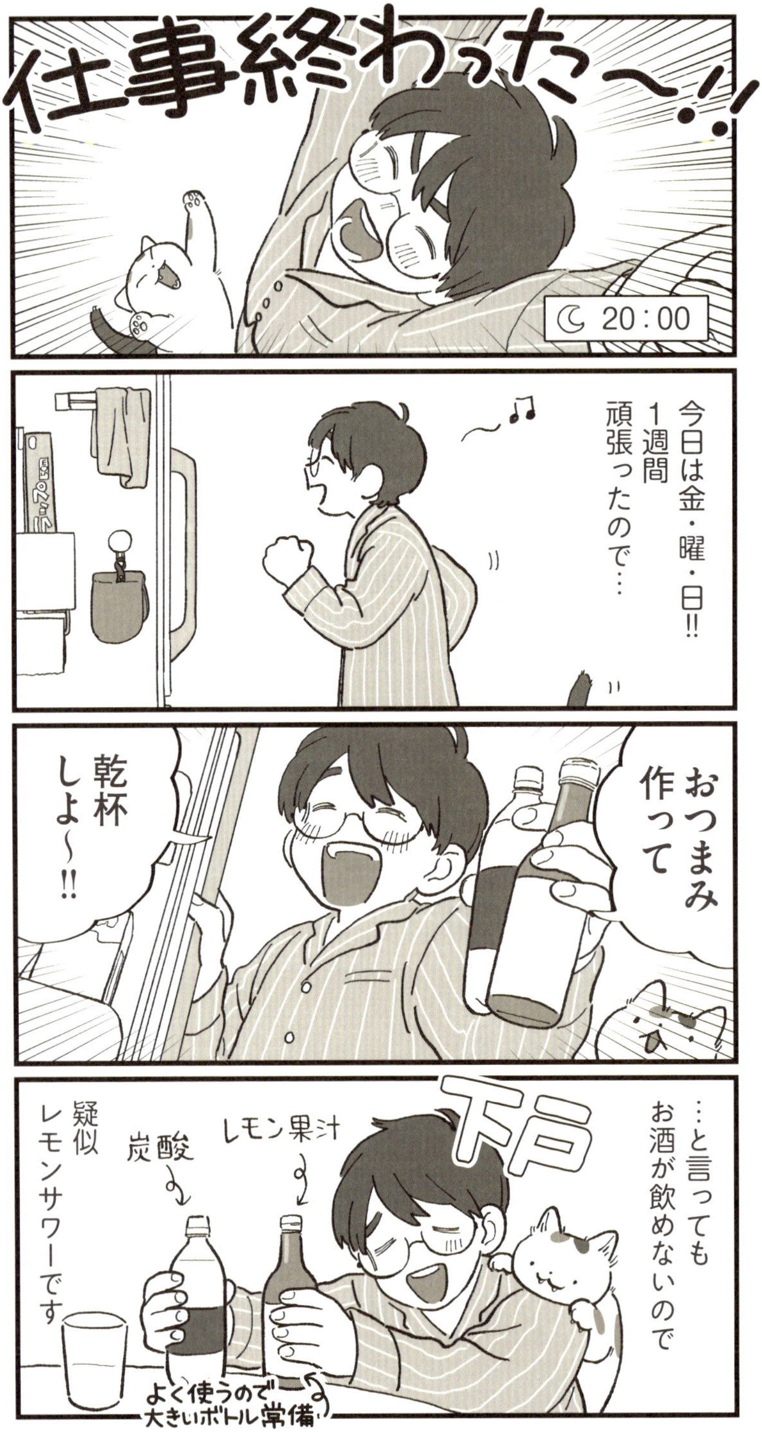

そして
おつまみは…！
ブロッコリー
これを使います
洗った
ブロッコリー
½株を
一口大に
切り分けて
フライパンに
油を入れ温めておき
その間に
「バッター液」を作る
卵1個
小麦粉大さじ4
水大さじ2を
よ～く混ぜる
バッター液に
ブロッコリーを
くぐらせて
ぎゅっ
ぎゅっ
パン粉を
全体につける
バッター液
パン粉

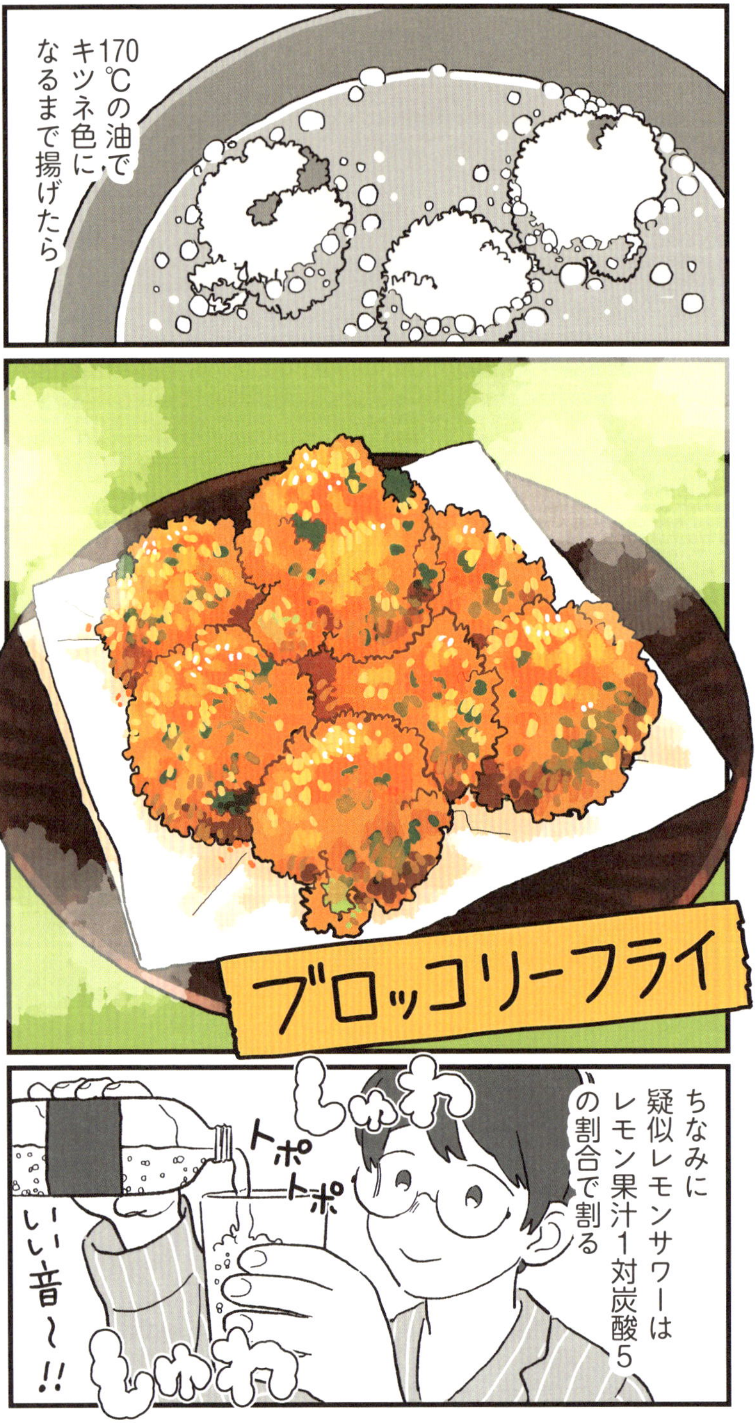
170℃の油で
キツネ色に
なるまで揚げたら
ブロッコリーフライ
ちなみに
疑似レモンサワーは
レモン果汁1対炭酸5
の割合で割る
しゅわ
トポトポ
いい音〜!!
しゅわ

ブロッコリーフライはソースをつけて…
さくっ
ぐいーっ
あ゛〜ッ
疲れた体にレモンが、染み渡る〜!!
ブロッコリーはサクサクで止まらない美味しさ！
いっぱい頑張った自分… えらい！
今日はこのまままったり過ごそう

1週間のご褒美に！
ブロッコリーフライ

材料（1人分）

- ・ブロッコリー　½株
- ・卵　1個
- ・小麦粉　大さじ4
- ・水　大さじ2
- ・パン粉　適量
- ・油（揚げ物用）　適量

作り方

1. ブロッコリーを一口大に切り分ける。
2. フライパンに油を入れて温めておく。
3. 卵、小麦粉、水をよく混ぜる。
4. **3**にブロッコリーをくぐらせて、パン粉を全体につける。
5. **4**を170℃の油でキツネ色になるまで揚げる。

pajamas
gohan
recipe

arrange recipe

ブロッコリーフライ
★アレンジ★

タルタルソース

材料（1人分）

・卵　1個
・玉ねぎ　¼個
・マヨネーズ　大さじ3
・酢　大さじ1
・黒こしょう　少々
・塩　1つまみ

作り方

1 玉ねぎをみじん切りにしておく。
辛味が気になる場合は
電子レンジ600Wで1分加熱した後よく冷ます。

2 耐熱ボウルに卵を割り入れ、
破裂しないように菜箸で黄身を半分に切る。

3 **2**にふんわりラップをかけて、様子を見ながら
電子レンジ600Wで1分30秒加熱する。

4 **3**をフォークで細かく潰す。

5 **4**に**1**とマヨネーズ、酢、黒こしょう、
塩を加えてよく混ぜる。

ヘルシー？お好み焼き

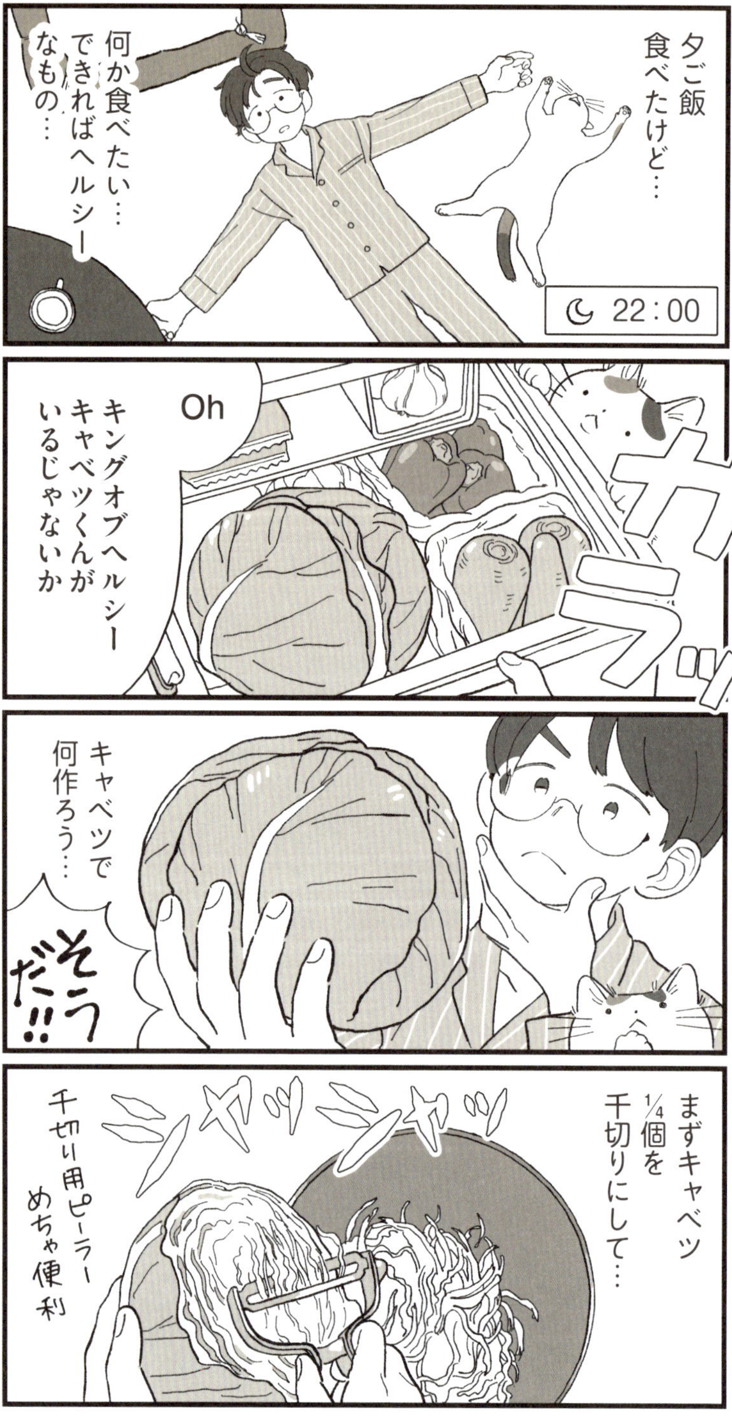

夕ご飯食べたけど…
何か食べたい…できればヘルシーなもの…
22:00
ガラッ
Oh
キングオブヘルシーキャベツくんがいるじゃないか
キャベツで何作ろう…
そうだ!!
まずキャベツ1/4個を千切りにして…
シャッシャッ
千切り用ピーラーめちゃ便利

サッと水洗いしたら
薄力粉50g
卵1個と
水100cc
顆粒だし小さじ1を
入れて粉っぽさが
なくなるまで混ぜる
あとは熱した
フライパンに
サラダ油を薄くひいて
焼くだけ
なんだけど…
豚バラ肉入れると
めちゃんこ美味しく
なるんだよな…
ギリ…
おいしさ
ヘルシー
フンフン
入れちゃえ!!
おいしさ
ヘルシー
ドーン!!

あとは蓋をして両面焼き色がつくまでじっくり焼く
ソースとかつおぶし
マヨネーズをかけたら…
ほぼキャベツお好み焼き

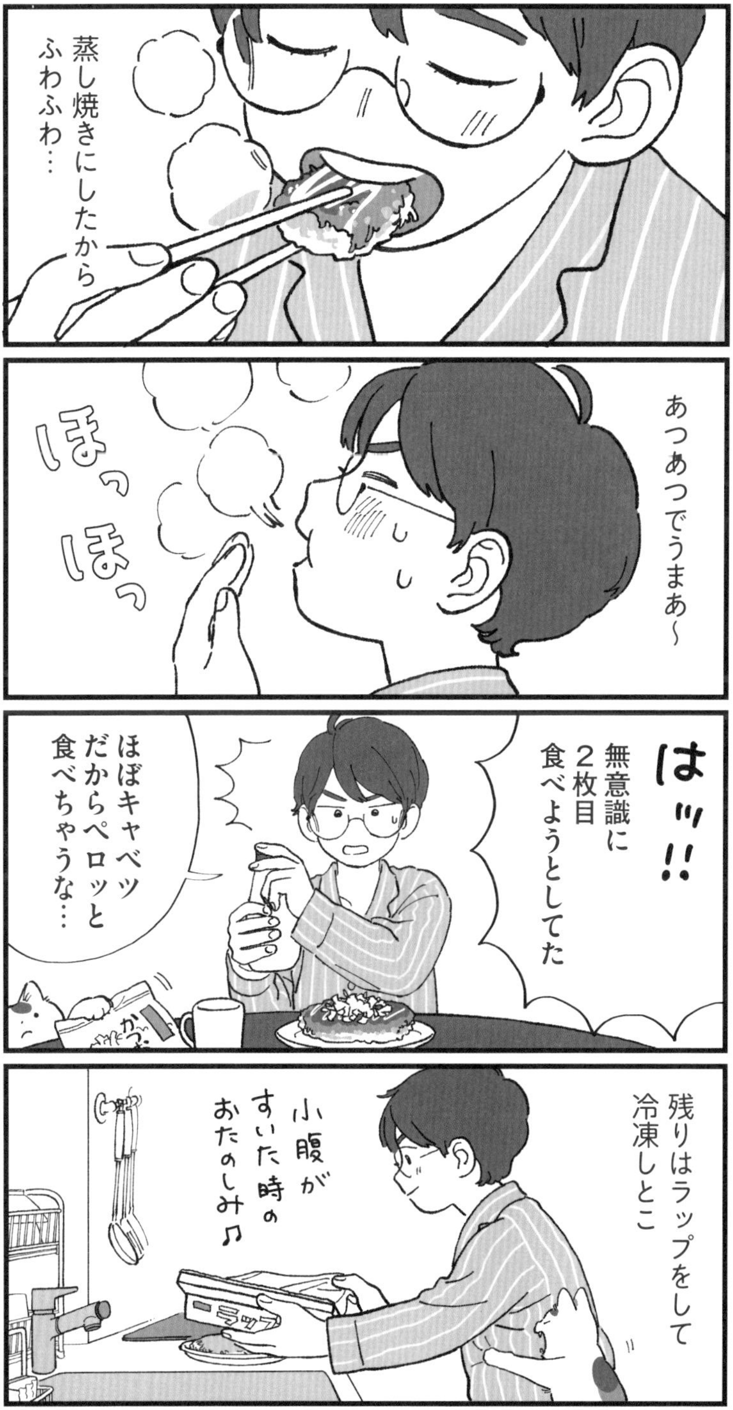
蒸し焼きにしたから
ふわふわ…
あつあつでうまあ～
ほっ
ほっ
はッ!!
無意識に
2枚目
食べようとしてた
ほぼキャベツ
だからペロッと
食べちゃうな…
残りはラップをして
冷凍しとこ
小腹が
すいた時の
おたのしみ♫
ラップ

ヘルシー？お好み焼き

材料（1人分）

・キャベツ　¼個
・卵　1個
・薄力粉　50g
・顆粒だし　小さじ1
・水　100cc
・豚バラ肉（お好みで）　2～3枚
・サラダ油　適量
・ソース・マヨネーズ　お好みの量
・かつおぶし　お好みの量

作り方

1 キャベツを千切りにしてさっと洗う。

2 1に薄力粉、卵、水、顆粒だしを入れて、粉っぽさがなくなるまで混ぜる。

3 熱したフライパンにサラダ油をひいて、2を流し入れる。

4 3の上にお好みで豚バラ肉を広げ、蓋をして弱火で蒸し焼きにする。

5 焼き目がついたらひっくり返して再び蒸し焼きにし、両面に焼き色がつくまで焼く。

6 お皿に移し、お好みでソース、マヨネーズ、かつおぶしをかける。

pajamas
gohan
recipe

arrange recipe

お好み焼き

★アレンジ★

お好み焼きケーキ

材料（1人分）

・キャベツ　¼個
・卵　1個
・薄力粉　50g
・顆粒だし　小さじ1
・水　100cc
・サラダ油　適量
・ピザ用チーズ
　お好みの量
・薄切りのおもち
　お好みの量
・ソース・マヨネーズ
　お好みの量
・青のり　お好みの量

作り方

1 キャベツを千切りにしてさっと洗う。

2 **1**に薄力粉、卵、水、顆粒だしを入れて、粉っぽさがなくなるまで混ぜる。

3 熱したフライパンにサラダ油をひいて、**2**を薄く流し入れる。

4 **3**の上にチーズと薄切りのおもちを広げ、上から**2**を薄くかけ、蓋をして弱火で蒸し焼きにする。

5 焼き目がついたらひっくり返して再び蒸し焼きにし、両面に焼き色がつくまで焼く。

6 お皿に移し、お好みでソース、マヨネーズ、青のりをかける。

魚屋さんが教える激うまアヒージョ

帰宅
おじさんにのせられてまんまと買ってしまった…
いい人だったな…
にんにく2片をみじん切りに
マッシュルーム4個を4等分に
にんにくとオリーブオイル150ml鷹の爪(半分にちぎって種を出しておく)を深めのグラタン皿に入れて
オーブントースター800Wで3~4分加熱
ボイルエビホタテ(各80g)マッシュルームを入れてよく混ぜオーブントースター800Wで10分加熱
オリーブオイルを具全体にまとわせる
マッシュルームに火が通ればOK!

仕上げに
塩・黒こしょう
パセリをちらしたら…
やけどに注意
エビとホタテのアヒージョ
ホタテとエビの
うま味が出てて
美味し〜〜!!
このままでも
最高!! なんだけど…

アヒージョを食パンにのせてピザ用チーズをかけてオーブントースターでこんがり焼く……
アヒージョトースト
じゅわ…
こんなの!! 美味しいに!! 決まってるよ!!
ぐっ
スーパーのおじさん
ありがとう
にゃっ

魚屋さんが教える激うまアヒージョ

材料（1人分）

- ボイルエビ　80g程度
- ボイルホタテ　80g程度
- マッシュルーム　4個
- にんにく　2片
- オリーブオイル　150ml
- 鷹の爪　1本
- 塩・こしょう　適量
- パセリ　お好みの量

作り方

1 マッシュルームを4等分に切る。

2 にんにくをみじん切りにする。

3 **2**のにんにく、オリーブオイル、半分にちぎって種を出した鷹の爪を深めのグラタン皿に入れ、オーブントースター800Wで3〜4分ほど加熱する。

4 **3**にボイルエビ、ボイルホタテ、**1**のマッシュルームを加えてよく混ぜ、オーブントースター800Wで10分加熱する。

5 塩・こしょうとお好みでパセリをちらす。

pajamas gohan recipe

悩んでるな～

ホットケーキミックスで簡単ドーナツ

もうすぐ
おやつの時間だし
何か作るか！
コンロも
どうせ掃除するし
揚げ物でも…
卵1個
砂糖10g
溶かしバター20gを
よく混ぜる
そこに
ホットケーキミックス
150gを入れて
まとまるまで練る
ラップで生地をはさみ
厚さ1cmまでのばす
めん棒ないから
ラップの芯使ってる
ここで
役に立つのが…
掃除中に
見つけた
空き瓶の蓋!!
よく洗いました
大きいのと
小さいの

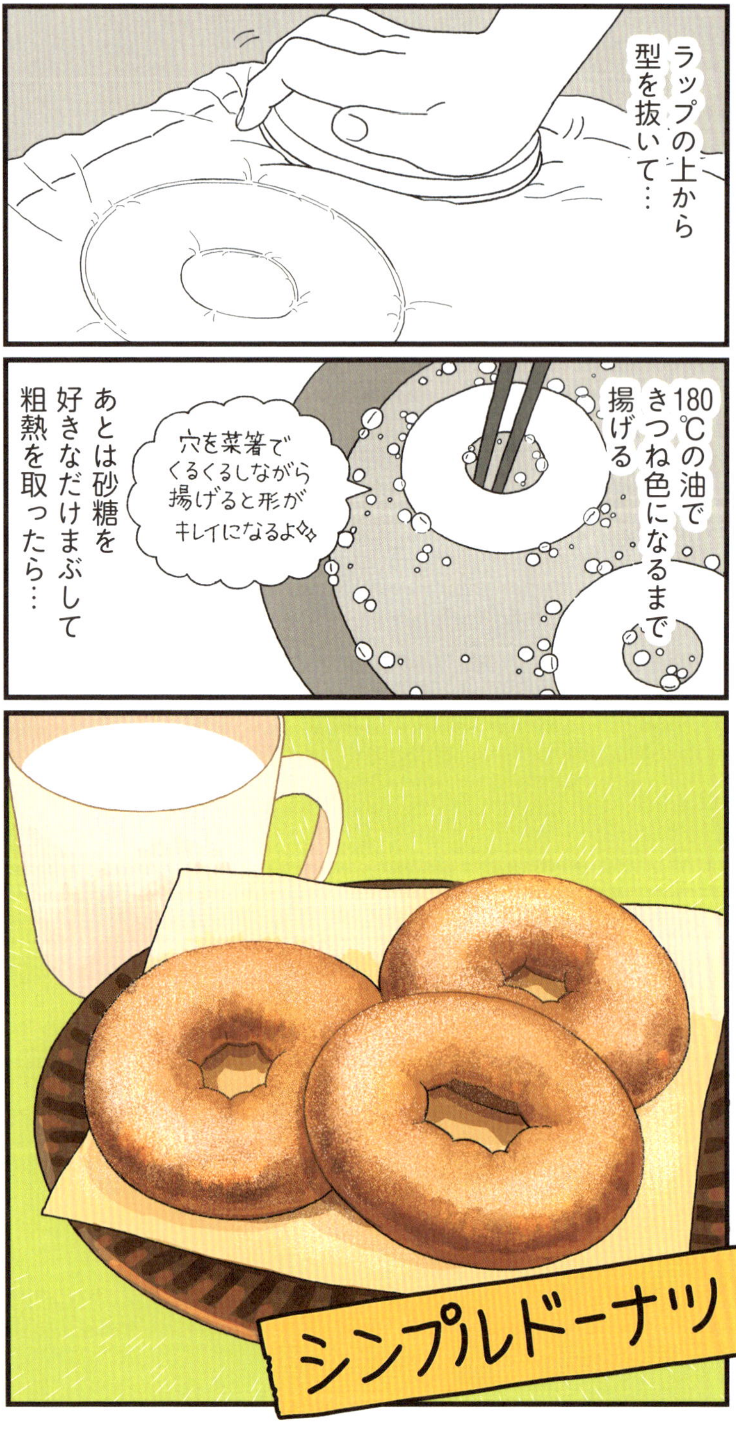
ラップの上から型を抜いて…
180℃の油できつね色になるまで揚げる
穴を菜箸でくるくるしながら揚げると形がキレイになるよ
あとは砂糖を好きなだけまぶして粗熱を取ったら…
シンプルドーナツ

さくっ
素朴で懐かしい～牛乳にめっちゃ合う
疲れた体に染み込む優しい味…
チラ…
休憩したらやる気なくなっちゃった
へへっ
掃除の続きはまた明日…

ホットケーキミックスで簡単ドーナツ

pajamas
gohan
recipe

材料（1人分）

- ホットケーキミックス　150g
- 卵　1個
- 砂糖　10g
- バター　20g
- 油（揚げ物用）　適量
- 砂糖　お好みの量

作り方

1. 卵、砂糖、溶かしたバターをよく混ぜる。
2. **1**にホットケーキミックスを入れて
まとまるまで練る。
3. ラップで生地を挟み、厚さ1cm程度にのばす。
4. ラップの上から空き瓶の蓋などで型を抜く。
5. 油を180℃に熱し、**4**を入れ
キツネ色になるまで揚げる。
6. **5**に砂糖を好きな量まぶして粗熱を取る。

arrange recipe

ドーナツ

★アレンジ★

真ん中で半分に切って

作り方

お好みのジャムを挟む
（さらに粉砂糖をかけても○）。

作り方

P74のレシピから砂糖を抜いて、
スライスチーズ、ハムを挟んで
黒こしょうをかける。

トッピングして

作り方

生クリームを絞って、
トッピングシュガーをまぶす。

作り方

板チョコを湯せんで溶かしてかけ、
アーモンドスライスをまぶす。

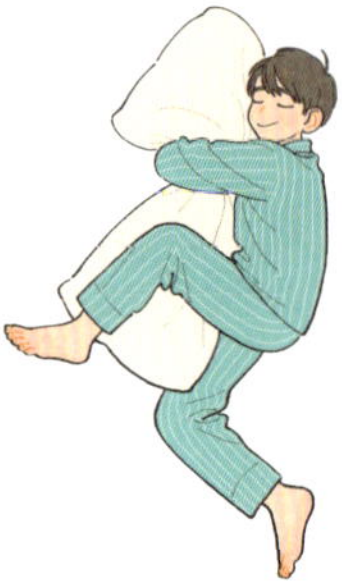

おもちの新レシピ！ たれたれおもち

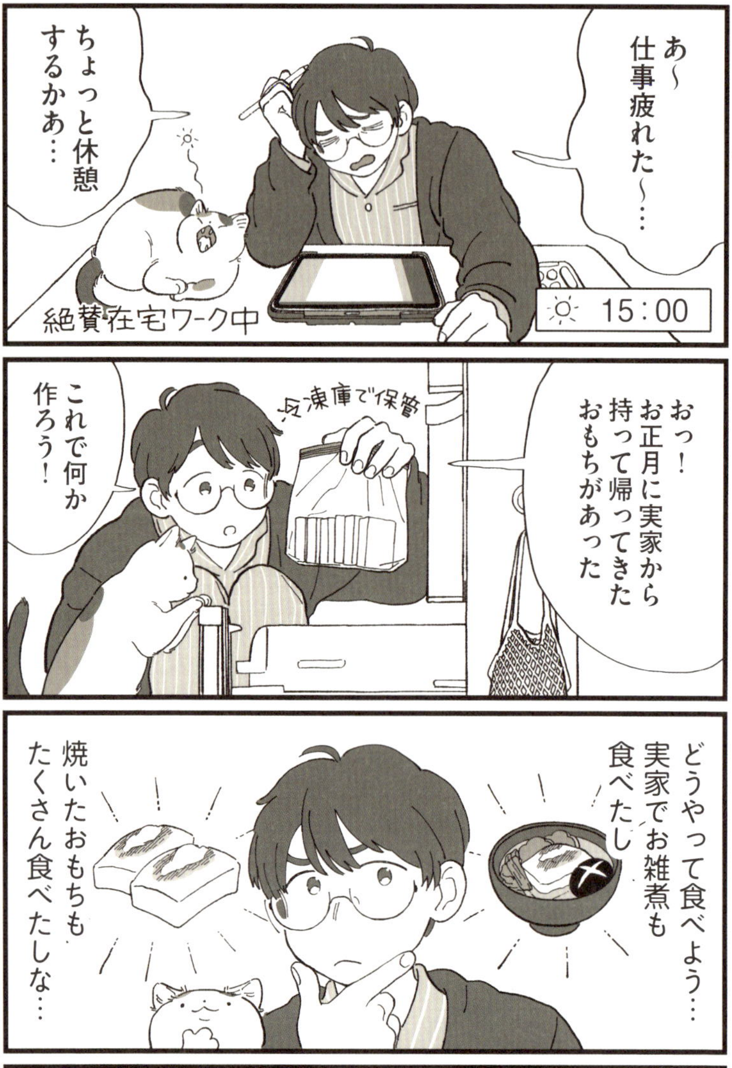

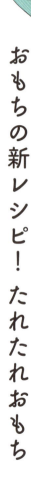

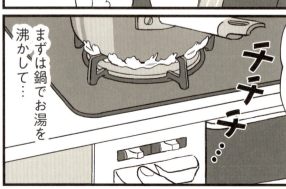

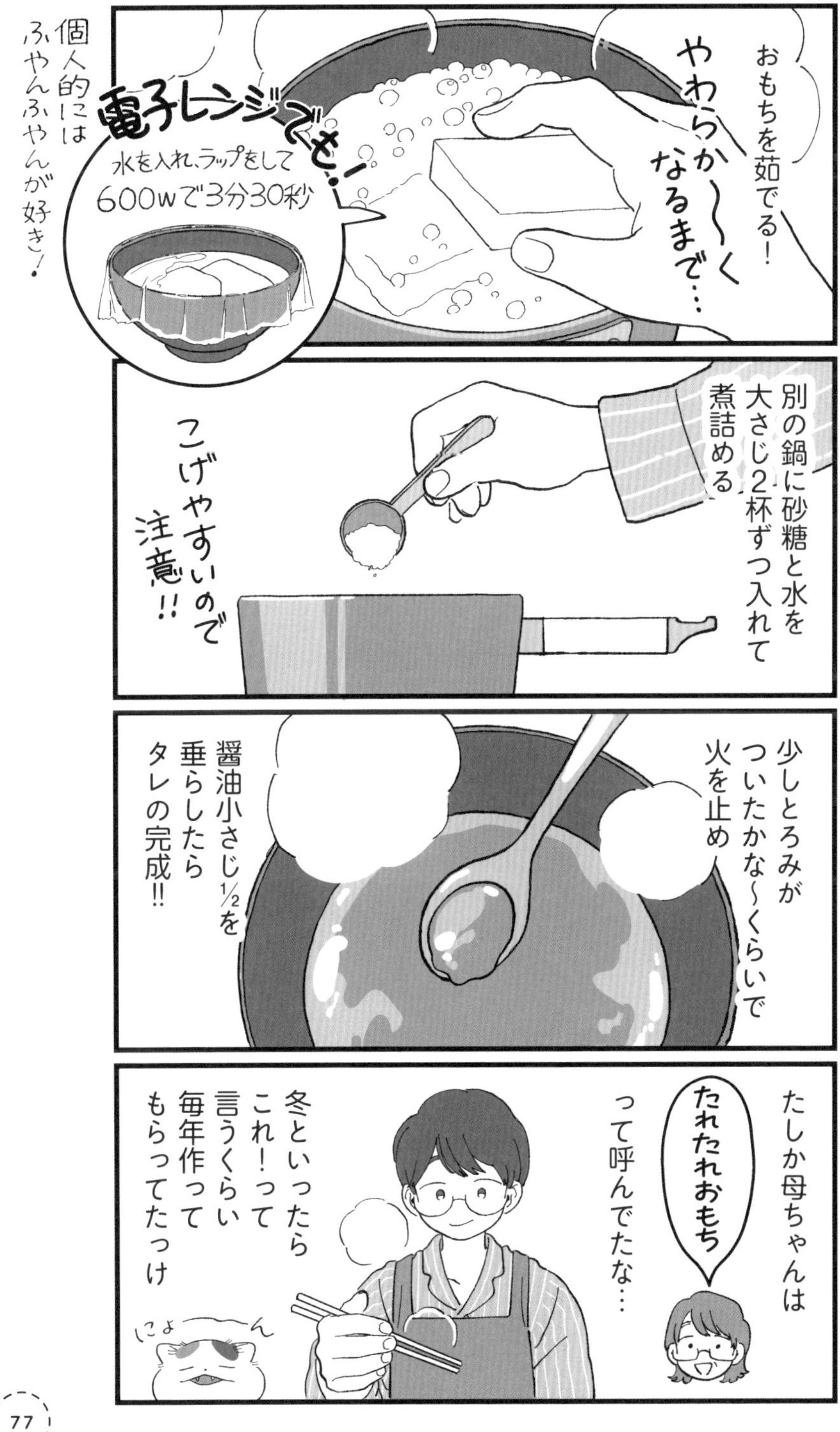
おもちを茹でる！
やわらか〜くなるまで…
電子レンジでも！
水を入れ、ラップをして600wで3分30秒
個人的にはふやんふやんが好き！
別の鍋に砂糖と水を大さじ2杯ずつ入れて煮詰める
こげやすいので注意!!
少しとろみがついたかな〜くらいで火を止め
醤油小さじ1/2を垂らしたらタレの完成!!
たしか母ちゃんは
たれたれおもち
って呼んでたな…
冬といったらこれ！って言うくらい毎年作ってもらってたっけ
にょーーん

やわらかくなった
おもちを
水をよく切って
優しく救出！
タレをひたひたに
なるまでかける
たれたれおもち

ほあ〜
この甘〜いタレがおもちによくからんでめっちゃ美味しい…
懐かしくて優しい味…
冬の朝 これが楽しみだったなあ
たれたれおもちだよ〜
やったあ!!
ドタドタ
よ〜し! おやつも食べたしまた頑張るか〜!!

おもちの新レシピ！
たれたれおもち

pajamas
gohan
recipe

材料（1人分）

・切り餅　1～2個
・砂糖　大さじ2
・醤油　小さじ½
・水　大さじ2

作り方

1 お湯を沸かして
切り餅をやわらかくなるまで茹でる。

2 **1**とは別の鍋に砂糖と水を入れて
弱火で煮詰める。

3 少しとろみがついたところで火を止め、
醤油を入れて混ぜる。

4 **1**の切り餅を皿に移し、**3**のタレをかける。

arrange recipe

おもち
★アレンジ★

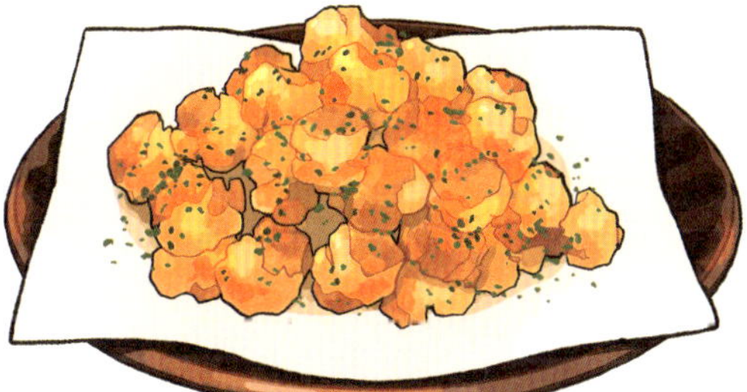

材料（1人分）

- 切り餅　2個
- 油（揚げ物用）　適量
- 青のり　小さじ2
- 塩　2つまみ

あられ

作り方

1 切り餅を8等分に切る。

2 フライパンに油を入れて熱し、切り餅を並べて入れる。
全体に色がつくまで時々転がしながら揚げる。

3 2の油を切った後、塩と青のりを全体にまぶす。

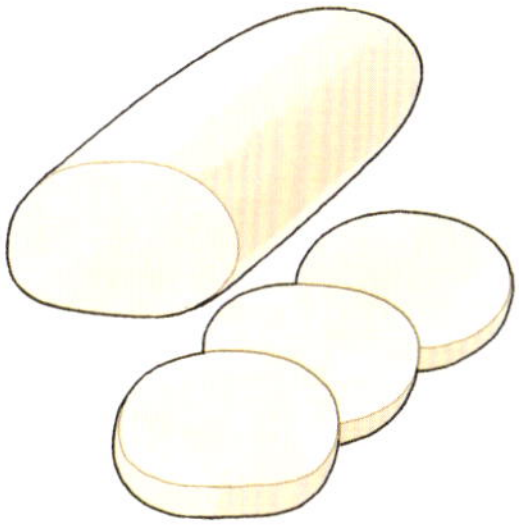

静岡県の郷土食「おはたき餅」でたれたれおもち

作り方

P80のたれたれおもちのレシピの
「切り餅」を「おはたき餅」に変更するだけ。

【おはたき餅とは？】
うるち米から作られた伸びないおもち。棒状にしたものを切って使います。
さっぱりとしていて味を吸いやすいのでタレがよくからみます！
そのまま焼いて食べても、鍋に入れても、
とっても美味しいので是非食べてみてね。

半額たらこでシンプル美味しいたらこパスタ

帰宅
へへ…またまんまと買ってしまった…
輝く半額シール
帰って速攻パジャマに着がえる
まずはパスタ100gを表示通り茹でる
(お湯1lに対して塩小さじ2)
ねじってから
パッとはなすと…
キレイにバラける!
パスタを茹でている間に…
たらこをほぐして…
皮は食べちゃう
まむ
ウマ
フライパンにオリーブオイル大さじ1醤油小さじ1ほぐしたたらこ40gを入れて炒める

たらこは炒めていると反撃してくるので
跳ね始めたらすぐに火を止める
たらこの反撃!!
なべのフタ
ピチ
ピチ
くらえ
よくも
茹で上がったパスタを入れて全体になじませ塩・こしょうで味を調える
いい香り!
ねぎを切るのでほんのちょっとだけそこにいてください
ごめんね
ネギはねこちゃんに中毒を引き起こす
お皿に盛ってちぎったのりと
刻んだ小ねぎをのせたら…

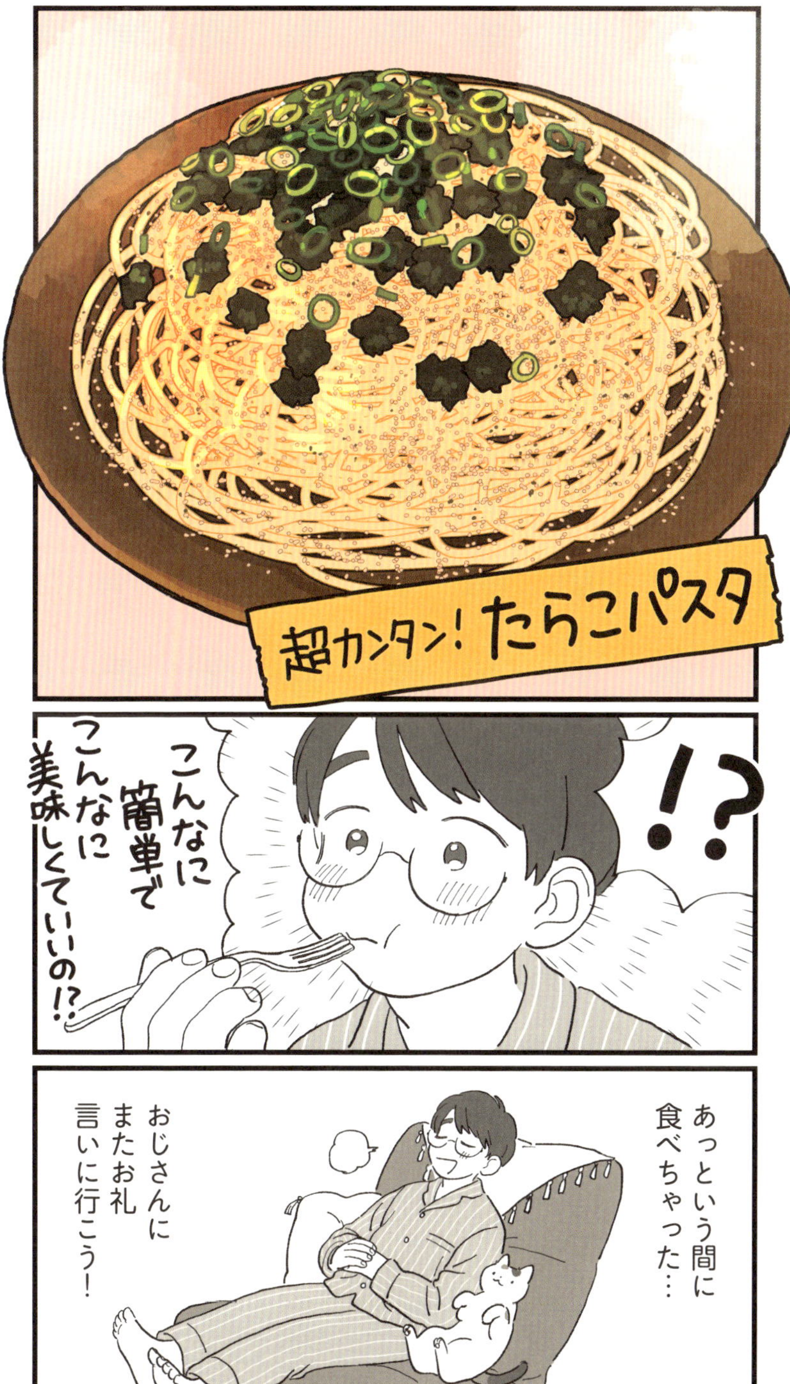
超カンタン！たらこパスタ
こんなに簡単でこんなに美味しくていいの!?
!?
あっという間に食べちゃった…
おじさんにまたお礼言いに行こう！

半額たらこでシンプル美味しいたらこパスタ

材料（1人分）

・パスタ（乾麺）　100g
・たらこ　40g
・オリーブオイル　大さじ1
・醤油　小さじ1
・塩・こしょう　適量
・小ねぎ　適量
・のり　適量

作り方

1 お湯1ℓに塩小さじ2を入れて、パスタを袋の表示通りに茹でる。

2 フライパンにオリーブオイル、醤油、ほぐしたたらこを入れて中火で炒める。

3 **1**のパスタを**2**に入れて、全体をなじませ、塩・こしょうで味を調える。

4 刻んだ小ねぎと、ちぎったのりを皿に盛った**3**にのせる。

pajamas
gohan
recipe

OMAKE MANGA

おじさん
お仕事中
いらっしゃいませ〜
ぺた
ぺた
ぺ…
今日はたこのから揚げにしようかしら
から揚げ!?
かんたんよ
にんにく醤油に15分漬けた後片栗粉をまぶして揚げるだけよ
へー!!
今度会ったら教えてあげよ

ぽっこりお腹撃退！ ベジヌードル鍋

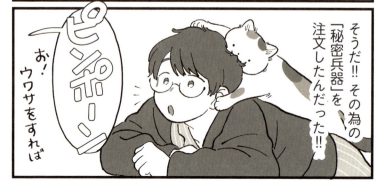

丁度夕飯の時間だし
早速使ってみよ～！
まずは鍋を
カセットコンロに
セット
まだまだ寒いし
いっぱい働いて
もらいますよ！
買い置きしておいた
鍋つゆを入れて
今日はキムチ！
スープを温めてる間に
大根とにんじんを…
キラリ

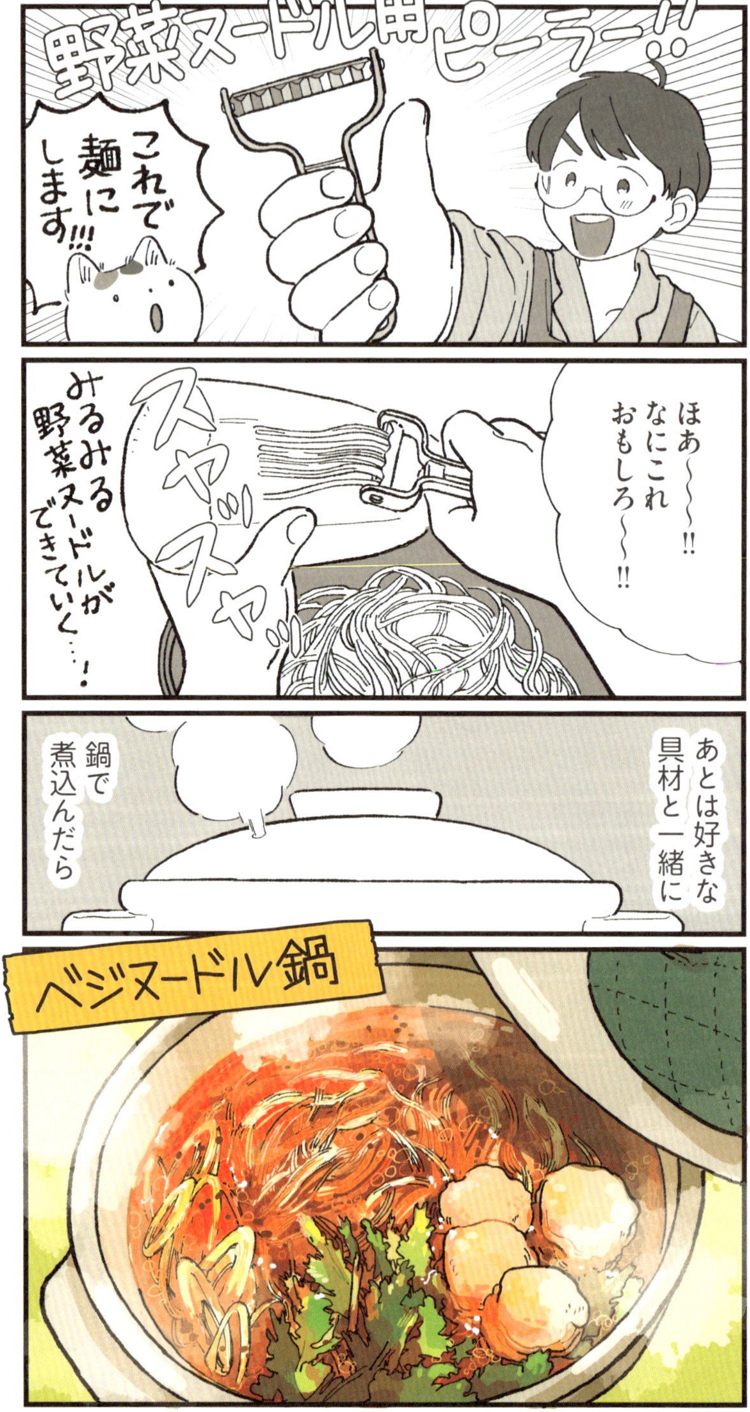
野菜ヌードル用ピーラー!!
これで麺にします!!!
ほあ～～!! なにこれ おもしろ～～!!
スャ゛ヌャ゛
みるみる野菜ヌードルができていく…！
あとは好きな具材と一緒に
鍋で煮込んだら
ベジヌードル鍋

スープが野菜によくからんで美味しい〜!!どんどん食べちゃう
追加しちゃお
だば
辛いから汗かいて来た…!
あ〜
おなかいっぱい
たくさん食べたけど罪悪感なし!!
いかん!また食べてすぐ寝ちゃうところだった
いっちに
さん
にゃー!!
ちょっとでも運動しとくか!

ぽっこりお腹撃退！
ベジヌードル鍋

pajamas
gohan
recipe

材料（1人分）

・鍋つゆ　１パック
・大根　お好みの量
・にんじん　お好みの量
・お好きな具材　お好みの量
　※つみれ、ネギ、小松菜など

作り方

1 鍋に鍋つゆを入れて温める。

2 野菜ヌードル用ピーラーで
大根とにんじんを麺状にする。

3 1の鍋に2とお好きな具材を入れて煮込む。

arrange recipe

ベジヌードル ★アレンジ★ ドレッシングレシピ

野菜の味を生かして 超簡単やみつき サラダドレッシング

材料（1人分）

- 塩　小さじ1
- ごま油　大さじ1
- 黒こしょう　小さじ1

作り方

材料を混ぜ合わせるだけ！
とても簡単にできるので
ドレッシングがない時は
大活躍！

みそマヨ ディップソース

材料（1人分）

- マヨネーズ　大さじ3
- 砂糖　小さじ½
- みそ　大さじ1
- 七味　お好みの量

作り方

こちらも材料を混ぜ合わせるだけ！
ベジヌードルにちょこっとつけて。
七味がピリッと効いていて
おつまみにもぴったりです。

変わり種でたこ焼きパーティー

しょうがないな〜
あるもので
なんとかするか
よいせ
やった〜!!
めっちゃ
久々に
出したな…
たこ焼き器
懐かし!!
オレが誕プレに
あげたやつじゃん!!
具材は冷蔵庫に
あった
たくあん
梅干し
ピザ用
チーズと
ミニトマト
それ
美味しいの!?
とろ〜り
チーズ
たくあん
梅干しは
種を抜いて…
あっコラ!!
たね
スッパ!!

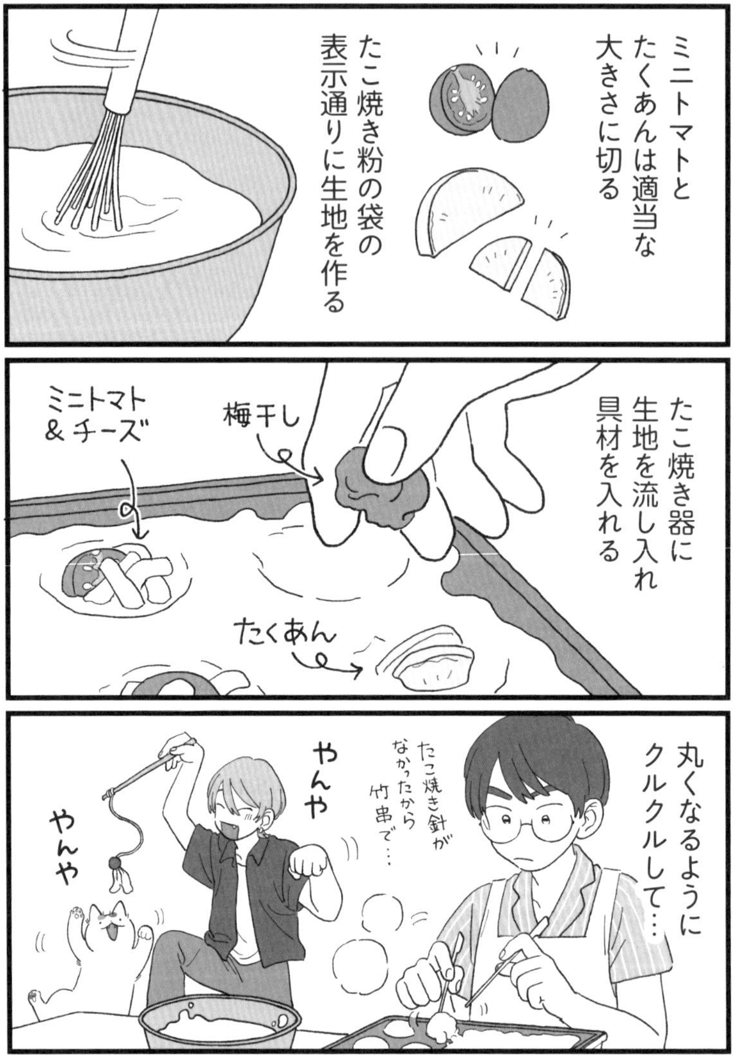
ミニトマトとたくあんは適当な大きさに切る
たこ焼き粉の袋の表示通りに生地を作る
たこ焼き器に生地を流し入れ具材を入れる
梅干し
ミニトマト&チーズ
たくあん
丸くなるようにクルクルして…
たこ焼き針がなかったから竹串で…
やんや
やんや
たくあんと梅干しにはポン酢醤油とねぎ
トマト&チーズには塩と黒こしょうをかけて…

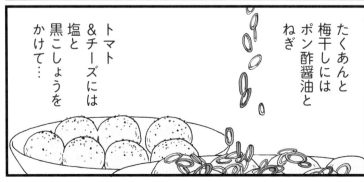

変わりダネ！たこ？焼き！
うま〜
はふはふ
梅干しもたくあんも意外とイケるな！
トマト&チーズもうまい！溶け出たチーズがこんがり焼けてて最高！
こりゃ酒がすすみますな
買ってきてた
カシュ
あっ
オール確定

変わり種でたこ焼きパーティー

材料（1人分）

- たくあん　適量
- 梅干し　適量
- ミニトマト　適量
- ねぎ　お好みの量
- ピザ用チーズ　適量
- たこ焼きの粉　1袋
- ポン酢しょうゆ　お好みの量
- 塩・黒こしょう　お好みの量

作り方

1. 梅干しの種を抜き、ミニトマトとたくあんをちょうど良い大きさに切る。
2. 袋の表示通りにたこ焼きの生地を作る。
3. たこ焼き器に生地を流し入れ、好きな組み合わせで具材を入れる。
4. 生地が固まり始めたらひっくり返して丸める。
5. **4**をお皿に盛り付け、ねぎ、ポン酢しょうゆや塩・黒こしょうをお好みでかける。

pajamas
gohan
recipe

ぐりぐり
枦山草介
小学1年生
なーなー
ぬっ
ビクッ
これ描ける?
すーぱーにゃろり
…描けるよ
スゲーッ!!
なんでそんなスラスラ描けんの!?
スラスラ
すーぱーにゃろり…好きだから練習した…
いーよなにゃろり!!
うちに全巻あるから今度遊びに来いよ!!
い…いいの!?
うん!! 友達になろーぜ! えっと… 名前なんだっけ
ぼくっ 枦山草介!!
おれ 長《おさ》田《だ》陽《はる》!
よろしく!!
これがくされ縁の始まり

挑戦！こだわりのパラパラチャーハン

長ねぎ(白い部分)10cmをみじん切りにする
こう切れ込みを入れて
こう切ると早い!
フライパンにごま油大さじ1を熱し
強火!
溶き卵(2個分)を入れ素早く混ぜる!
卵が固まり切る前に耐熱ボウルに移す
ほいっ
そこにご飯300gを入れて軽く混ぜる
卵を炒めたフライパンで豚バラ肉2枚(約70g)をこんがり焼く
カリカリになったら醤油 みりん各小さじ1/2をからめる

豚バラは細かく刻んでおく
1cm四方
キッチンペーパーで拭いたフライパンに薄くごま油をひき長ねぎを香りが立つまで炒める
卵と混ぜたご飯
豚バラ
鶏ガラスープの素小さじ1を入れて炒める
最後に塩・こしょうで味を調えたら
こだわりの！
パラパラチャーハン
紅しょうがもあると美味しさUP!!

はほっ
はほっ
うま〜〜い!!!
ご飯パラパラで
豚肉が香ばしい〜〜!
手間だけど
本格的でサイコーー!
紅しょうがって
なんでこんなに
チャーハンに
合うんだろう
あっという間に
なくなっちゃった!!
残った
チャーハンは
おにぎりにしても
美味しい!!

挑戦！ こだわりのパラパラチャーハン

材料（1人分）

- 豚バラ肉　2枚
- 長ねぎ（白い部分）　10cm
- 卵　2個
- ご飯　300g
- 醤油　小さじ½
- みりん　小さじ½
- 鶏ガラスープの素　小さじ1
- ごま油　適量
- 塩・こしょう　適量
- 紅しょうが　お好みの量

作り方

1. 長ねぎをみじん切りにする。
2. フライパンにごま油大さじ1を熱して溶き卵を入れて素早く混ぜ、半熟の状態で耐熱ボウルに移す。
3. **2**のボウルにご飯を入れて軽く混ぜる。
4. **2**で使用したフライパンで豚バラ肉をこんがりするまで焼き、醤油・みりんをからめて取り出す。
5. **4**は細かく1cm四方に刻んでおく。
6. **4**で使用したフライパンを軽く拭き、薄くごま油をひいて長ねぎを香りが立つまで炒める。
7. **6**に**3**のご飯、**5**の豚バラ肉、鶏ガラスープの素を入れて炒める。
8. 最後に塩・こしょうで味を調える。皿に盛り、お好みで紅しょうがを添える。

pajamas gohan recipe

arrange recipe

チャーハン ★アレンジ★

キムチチャーハン

材料（1人分）

・豚バラ肉　2枚
・長ねぎ（白い部分）
　10cm
・卵　2個
・ご飯　300g
・キムチ　100g
・鶏ガラスープの素
　小さじ1
・ごま油　適量
・塩・こしょう　適量

作り方

1 長ねぎをみじん切り、
豚バラ肉は食べやすい大きさに切っておく。

2 フライパンにごま油大さじ1を熱して
溶き卵を入れて素早く混ぜ、
半熟の状態で耐熱ボウルに移す。

3 2のボウルにご飯を入れて軽く混ぜる。

4 2で使用したフライパンを軽く拭き、
ごま油をひいて長ねぎを香りが立つまで炒める。

5 4に豚バラ肉を加え、こんがりするまで焼き、
塩・こしょうで下味をつける。

6 5に3のご飯、キムチ、
鶏ガラスープの素を入れて炒める。

7 最後に塩・こしょうで味を調える。

梅しらすチャーハン

材料（1人分）

・しらす干し　30g
・梅干し　2個
・卵　2個
・ご飯　300g
・鶏ガラスープの素
　小さじ1
・ごま油　適量
・塩・こしょう　適量
・大葉　2枚

作り方

1 梅干しは種を取り、
細かくちぎる。
大葉は細く刻んでおく。

2 フライパンにごま油を熱し、溶き卵を入れて
素早く混ぜ、半熟の状態で耐熱ボウルに移す。

3 2にご飯を入れて軽く混ぜる。

4 3をフライパンに戻し、しらす干し、梅干し、
鶏ガラスープの素を加え、炒めながら水分を飛ばす。

5 塩・こしょうで味を調える。

6 皿に盛り、大葉をのせる。

ひと手間でやわらか〜 塩こうじ豚こま

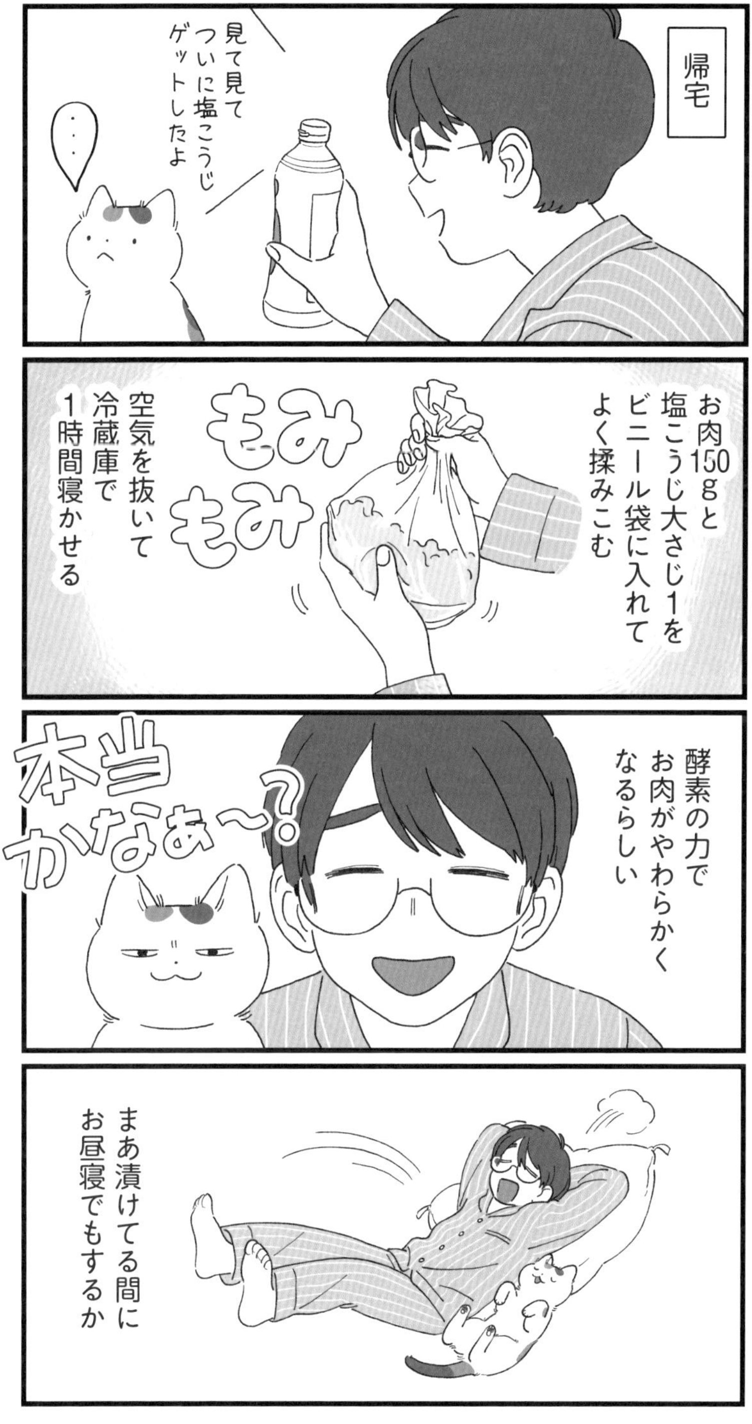
帰宅
見て見てついに塩こうじゲットしたよ
・・・
お肉150gと塩こうじ大さじ1をビニール袋に入れてよく揉みこむ
もみもみ
空気を抜いて冷蔵庫で1時間寝かせる
酵素の力でお肉がやわらかくなるらしい
本当かなぁ〜？
まあ漬けてる間にお昼寝でもするか

1時間後
あとはフライパンで焼くだけ…
お好みでこしょうをふる
塩こうじ豚こま
おや!? お箸でつかんだ感じがいつもと違う!?

やわらか〜〜い
ほんとに豚こま⁉めっちゃジューシーでご飯がすすむ〜‼
塩こうじ恐るべし‼
ちょっと余裕がある時は…
片栗粉
漬けた後片栗粉を全体にまぶして多めの油（大さじ3）で揚げ焼きにする
さくさくジューシー‼な
ごちそうができます‼
レモンをしぼってさっぱりさわやか〜‼

pajamas gohan recipe

ひと手間でやわらか〜 塩こうじ豚こま

材料（1人分）

- 豚こま肉　150g
- 塩こうじ　大さじ1
- こしょう　お好みの量

作り方

1. こま肉をポリ袋に入れ、塩こうじを入れてよく揉みこむ。
2. 冷蔵庫で1時間寝かせる。
3. 2をフライパンで中火で焼く。お好みでこしょうを振る。

今日はお魚買わないのか…
しゅん…

下準備なしのお手軽！春の混ぜご飯

たけのことゼンマイ いいね 春っぽい!
だけど…
でかい
食べきれない
アク抜き めんどくさい
食べ方 わからん
??
これも アク抜き?!
帰宅
悩んだ結果…
バシバシ
たけのことゼンマイの水煮を買って来ました…
〈たけのこ水煮（細切り）〉
1袋
さっと水洗いする
〈ゼンマイ水煮〉
1袋
さっと水洗いして 3cm幅に 切っておく
たけのこ水煮〈細切り〉
ぜんまい水煮
鶏もも肉
〈鶏もも肉〉 130g
小さく切ってあるもの なければ 2cm角に切る

フライパンに
薄く油をひき
鶏肉を入れて炒める
鶏肉に火が通ったら
たけのこと
ゼンマイを投入!!
そこにめんつゆ
（2倍濃縮）100ml
顆粒だし小さじ1を
入れて煮る
煮汁が
⅓になったら
炊いたご飯に混ぜる
だけ!
春の混ぜご飯
アクセントに七味をプラス！

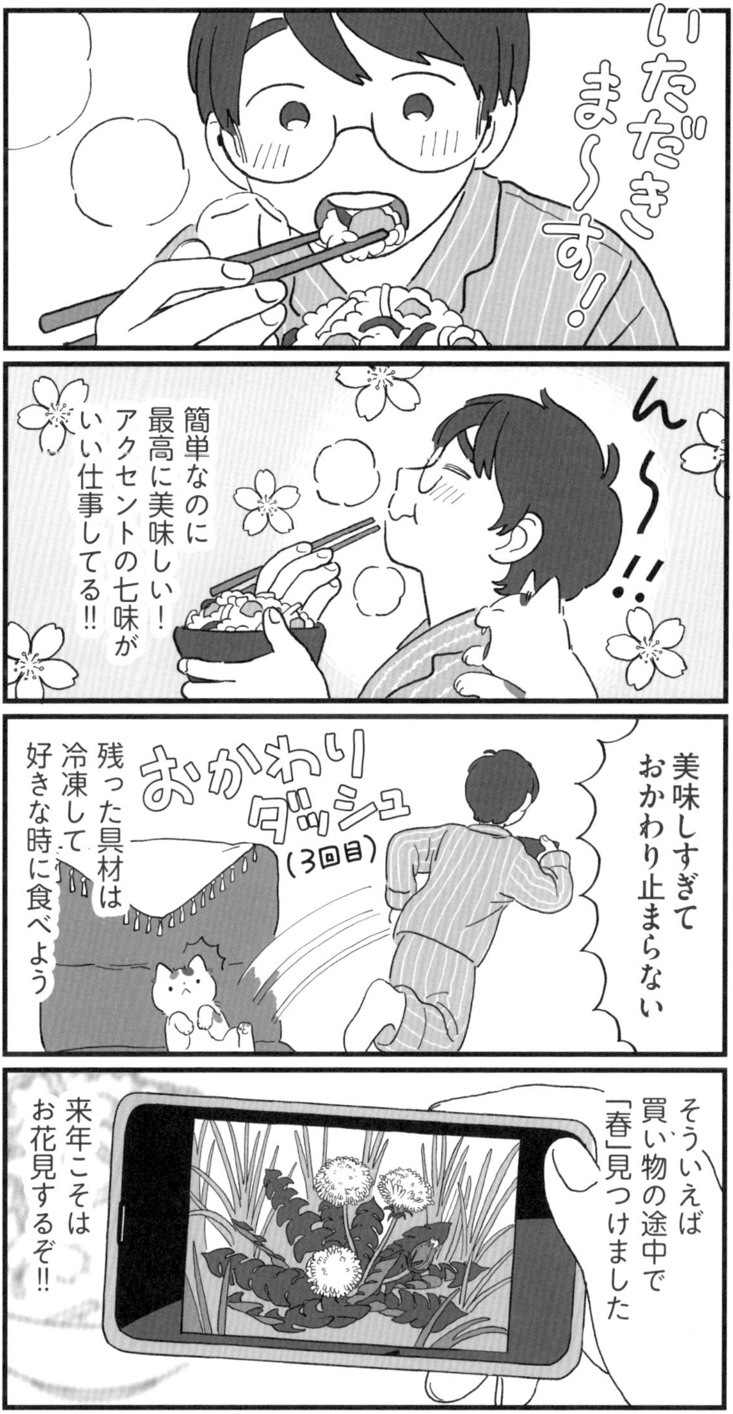
いただきま～す！
ん～!!
簡単なのに
最高に美味しい！
アクセントの七味が
いい仕事してる!!
美味しすぎて
おかわり止まらない
おかわりダッシュ
(3回目)
残った具材は
冷凍して
好きな時に食べよう
そういえば
買い物の途中で
「春」見つけました
来年こそは
お花見するぞ!!

pajamas
gohan
recipe

下準備なしのお手軽！
春の混ぜご飯

材料（1人分）

・たけのこの水煮（細切り）
　1袋（80g程度）
・ゼンマイの水煮　1袋（70g程度）
・鶏もも肉　130g
・ご飯　2～3合
・めんつゆ（2倍濃縮）　100ml
・顆粒だし　小さじ1

作り方

1 たけのことゼンマイの水煮はさっと水洗いし、ゼンマイは3cm幅に切っておく。

2 鶏もも肉を2cm角に切る。

3 フライパンに薄く油をひき、**2**の鶏もも肉を炒める。

4 鶏もも肉に火が通ったら、たけのことゼンマイ、めんつゆ、顆粒だしを入れて煮る。

5 **4**の煮汁が$\frac{1}{3}$程度になったら炊いたご飯に混ぜる。

arrange recipe

混ぜご飯
★アレンジ★

山菜うどん

作り方

いつものうどんに、
混ぜご飯の素を、
お玉1杯分（汁は切る）
のせてグレードアップ！
混ぜご飯の素に
味がしっかりついているので、
うどんのつゆは普段より
薄めに作ってください。
かいわれ大根をのせると
さらに彩りが出ます。

山菜親子丼

作り方

残った混ぜご飯の素（汁も）に
卵を加えるだけ！
お玉1杯分の混ぜご飯に対し、
溶き卵1個分を使います。
P146の親子丼レシピの作り方を
参考にすると簡単にできます。
三つ葉をのせて彩りアップ！

ゾンビなりかけ野菜を救出！トマトスープ

そういえば！
手についたにんにく臭は
包丁（ステンレス）に
跳ね返った水で
洗うと…
ビチャチャチャ
嘘みたいに
臭いが
取れます
くさくない！
※ケガしないようにね
魚の臭いもいけるョ
鍋にオリーブオイル
大さじ2と
刻んだにんにく
ハーブミックス
（あれば）
ベーコンを入れて
炒める
半分にされたまま
放置された玉ねぎ
ちょっと
しなびたトマト
2個だけ
残ってた
ピーマン
みんな
行ってこーい!!
水100mlと
カットトマト1パック
を入れて…
ドボボ

そこにざく切りしたキャベツを
ドーン
蓋が閉まらない…
やっちまった…と思うけど煮れば縮むからなんとかなるハズ
10分後
なんとかなった
弱火で!!
※底が焦げないように時々鍋を揺らしたりしてね
最後にコンソメ（顆粒がおすすめ）とケチャップで好きな味の濃さにする
ビャー
キャベツがクタクタになるまで煮込んだら…

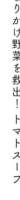

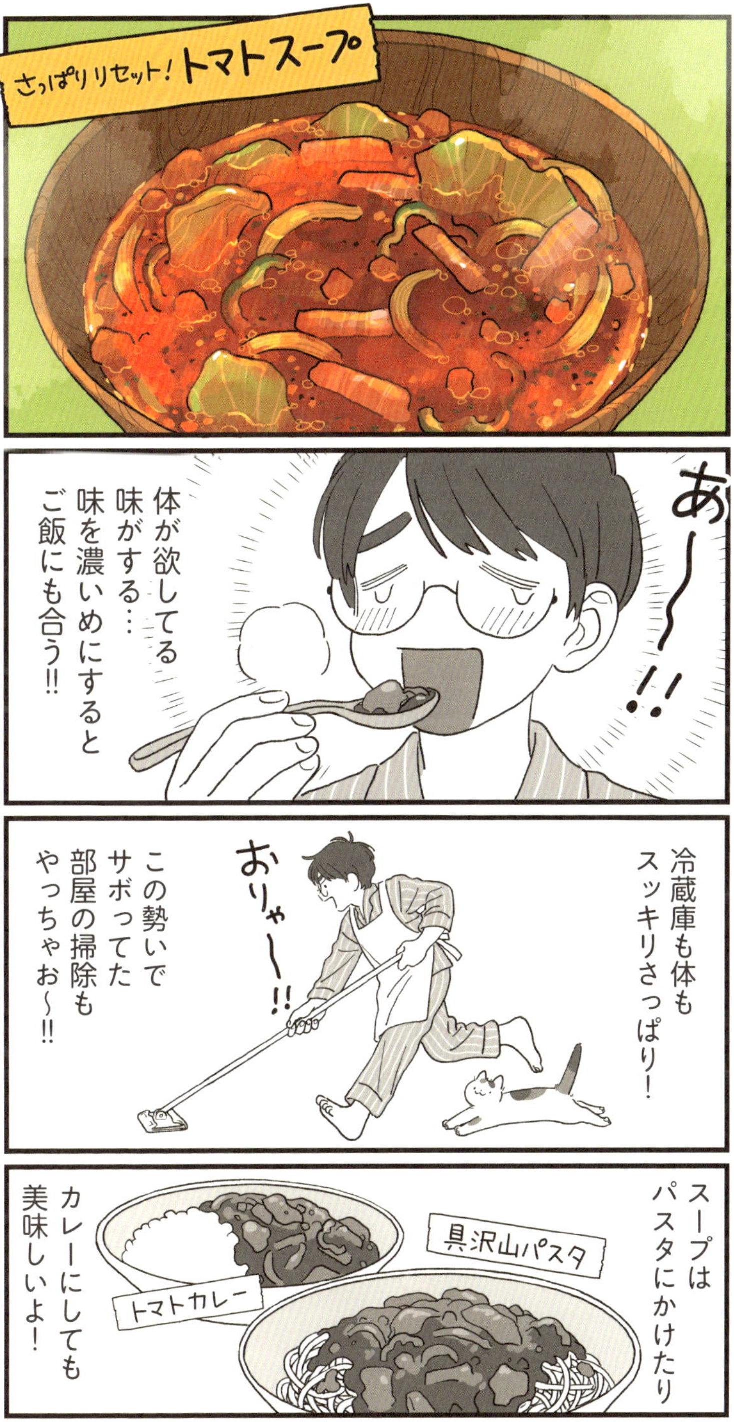
さっぱりリセット！トマトスープ
あ〜〜!!
体が欲してる
味がする…
味を濃いめにすると
ご飯にも合う!!
冷蔵庫も体も
スッキリさっぱり！
おりゃ〜!!
この勢いで
サボってた
部屋の掃除も
やっちゃお〜!!
スープは
パスタにかけたり
具沢山パスタ
トマトカレー
カレーにしても
美味しいよ！

ゾンビなりかけ野菜を救出！トマトスープ

材料（1人分）

・ブロックベーコン　適量
　※ウインナーや普通のベーコンでもOK
・野菜室でゾンビになりそうな野菜　適量
　※玉ねぎ、トマト、ピーマン、にんじん、
　　ナスなど、なんでもOK
・キャベツ　適量
・にんにく　3片
・カットトマト　1パック（400g程度）
・水　100ml
・オリーブオイル　大さじ2
・ハーブミックス（あれば）　適量
・コンソメ顆粒　適量
・ケチャップ　適量

pajamas
gohan
recipe

作り方

1 にんにくをみじん切りにする。

2 ブロックベーコンと野菜を食べやすい大きさに切る。

3 キャベツはざく切りにしておく。

4 鍋にオリーブオイルをひき刻んだにんにく、ハーブミックス、ベーコンを入れて香りが立つまで中火で炒める。

5 4に野菜を入れ、水とカットトマトを入れる。

6 5にキャベツを入れて、蓋を閉めて、時々混ぜながら弱火で10分ほど煮る。

7 コンソメとケチャップで好みの味に調える。

みんなの理想の朝ご飯

10:00
起きてからもう1時間経っちゃう
やる気出ないな〜
理想の朝ごはん!
お!
がばっ
これ作ろ!!
にゃ
卵3個に醤油小さじ1/2塩小さじ1/5を入れて白身を切りながら混ぜる

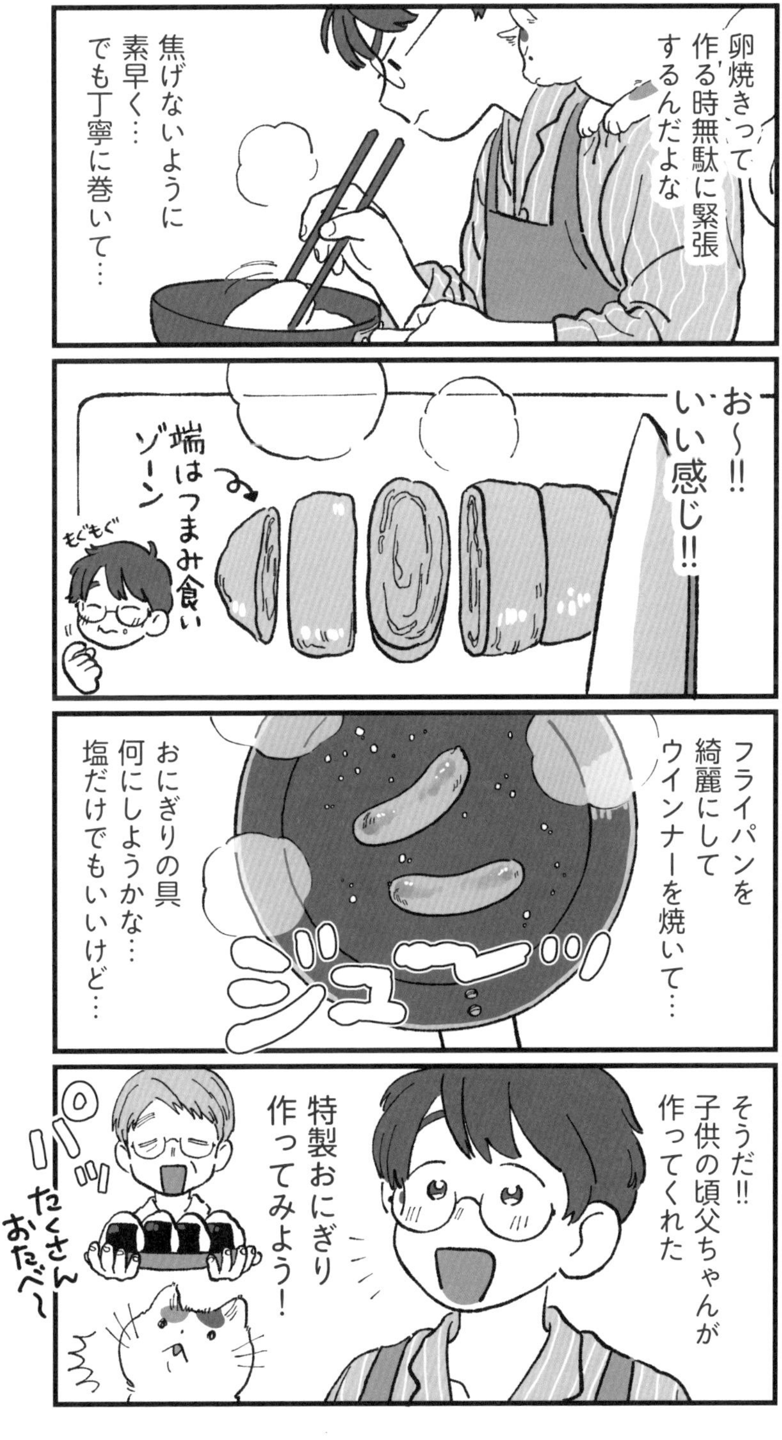
卵焼きって作る時無駄に緊張するんだよな
焦げないように素早く…でも丁寧に巻いて…
お〜!!いい感じ!!
端はつまみ食いゾーン
もぐもぐ
フライパンを綺麗にしてウインナーを焼いて…
ジューッ
おにぎりの具何にしようかな…塩だけでもいいけど…
そうだ!!子供の頃父ちゃんが作ってくれた
特製おにぎり作ってみよう!
パッ
たくさんおたべ〜

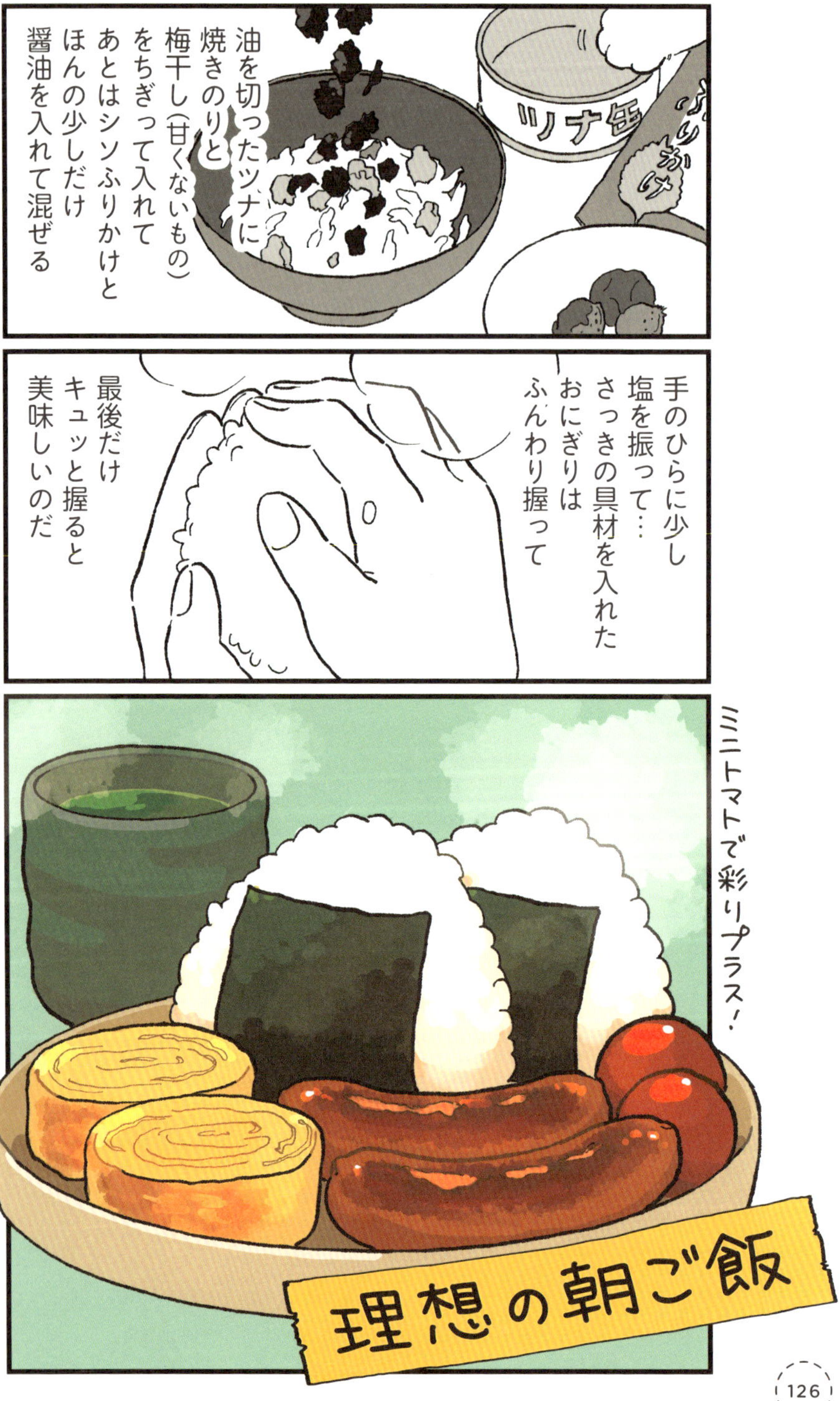
ツナ缶
ふりかけ
油を切ったツナに
焼きのりと
梅干し(甘くないもの)
をちぎって入れて
あとはシソふりかけと
ほんの少しだけ
醤油を入れて混ぜる
手のひらに少し
塩を振って…
さっきの具材を入れた
おにぎりは
ふんわり握って
最後だけ
キュッと握ると
美味しいのだ
ミニトマトで彩りプラス!
理想の朝ご飯

これこれ！懐かしい〜〜〜!!
具沢山で最高！ツナの油って本当によくご飯に合うな〜
梅干しとシソの刺激で元気出るしいくら食べても飽きない味！
卵もふわふわで美味しい…優しい味
母ちゃんが作ってくれた朝ご飯を思い出すな〜
たまには実家に電話するか〜
もしも〜し元気〜？

みんなの理想の朝ご飯

材料（1人分）

- 卵　3個
- 醤油　小さじ½
- 塩　小さじ⅕
- ウインナー　お好みの量
- ご飯　お茶碗1～2杯分
- ツナ缶　1缶
- 焼きのり　適量
- 梅干し　1～3個
- シソふりかけ　適量
- 醤油　少量

pajamas
gohan
recipe

作り方

卵焼き

1. 卵に醤油と塩を入れて白身を切りながら混ぜる。
2. フライパンに油をひいて**1**を少しずつ流し入れ、巻いていく。

ウインナー

1. フライパンで焼く。

おにぎり

1. 油を切ったツナに焼きのりと、種をとった梅干しをちぎっていれる。
2. **1**にシソふりかけと醤油を入れて混ぜる。
3. **2**を具材にして、手のひらに少し塩を振っておにぎりを握る。

arrange recipe

理想の朝ご飯
★アレンジ★

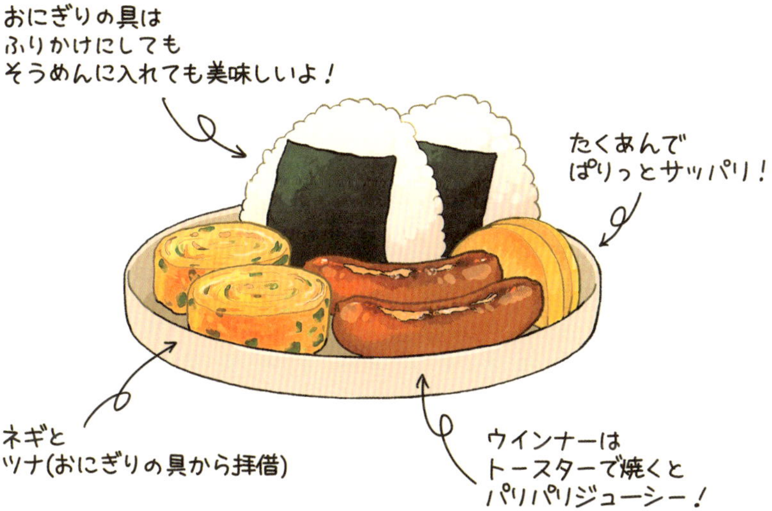

おにぎりの具は
ふりかけにしても
そうめんに入れても美味しいよ！
たくあんで
ぱりっとサッパリ！
ネギと
ツナ(おにぎりの具から拝借)
ウインナーは
トースターで焼くと
パリパリジューシー！

理想の朝ご飯 Ver.2.0

作り方

●ウインナーはトースターで焼くと、とっても美味しいのでおすすめ！
※油がトースターの網の下に落ちないように、
必ず受け皿とアルミホイルを使用すること！
※パンくずなどのゴミがあると、
油がかかって燃える可能性があるので目を離さないこと！

●卵焼きに小ねぎとツナを入れて、味変！

●おにぎりの具はふりかけとしてご飯にかけても、
そうめんにかけても美味しいよ！

さっぱりつるつる！ ねばねば丼

長いも150gの皮をむいて1cm角に切る
しゃくっ
しゃくっ
長いも切る時の感覚って気持ちいいんだよな
オクラ4本のヘタを切って塩少々を振りかけ板ずりをして切る
ゴロ
うぶ毛がとれる
ゴロ
そのままでも食べられるけど青臭さが気になる場合は耐熱皿にのせてラップをして
600W 40秒チン
オクラと言えば…
実のなり方が面白いんだよな…
え!! 上向きに実るの!?
突然の回想
長いも オクラ
よ〜く混ぜた納豆をボウルに入れる
うおおおお
ズボッ
あっ

ネーバ
ネバ
めんつゆ（2倍濃縮）大さじ2
塩昆布2つまみを
入れてよく混ぜる
あとは
ご飯にのせて…
あ〜
さっぱりネバネバ丼
…
ぬ…

おっ！食べられそう？
のそ…
いただきます
声ちっさ
ぱく…
美味しい！これなら食べられる!!
ぱくぱく
でしょ！
さっぱりしててサラサラいけちゃうね
シャキシャキ食感がたまらない
ごちそうさま〜!!
お腹いっぱいになったしお昼寝するか〜ッ！
結局寝るんかい!!

さっぱりつるつる！ねばねば丼

材料（1人分）

- 長いも　150g
- オクラ　4本
- 納豆　1パック
- 塩昆布　2つまみ
- めんつゆ（2倍濃縮）　大さじ2
- ご飯　お茶碗1杯分

作り方

1. 長いもを1cm角に切る。
2. オクラはヘタを切り、塩を少し振って、板ずりをして切る。
3. **1**の長いも、**2**のオクラ、よく混ぜた納豆をボウルに入れ、よく混ぜる。
4. **3**にめんつゆと塩昆布を入れてよく混ぜる。
5. ご飯に**4**をかける。

pajamas gohan recipe

ピンポーン
草介～ 遅刻するぞ～
中学生時代
ガチャ
おはよ… ごめん さっき起きた
すぐだから 待ってて…
またかよ～
はぁ…
もうお前は「はじやま そうすけ」じゃなくて「ぱじゃま ねぼすけ」だよ…
うまいこと言っちゃった…
それ絶対学校で言うなよ
次の日
おーい パジャマー!!
コラー!!
この日から学校でのあだ名が「ぱじゃまくん」になりました

夢いっぱい！カラフルシャーベット

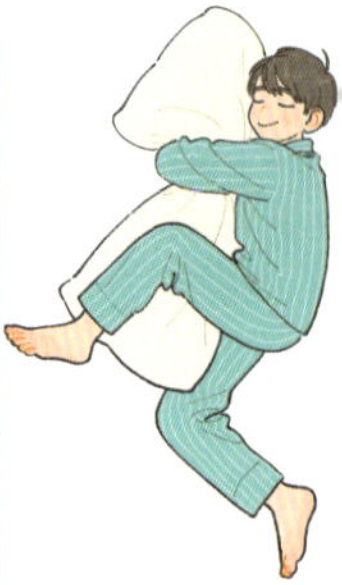

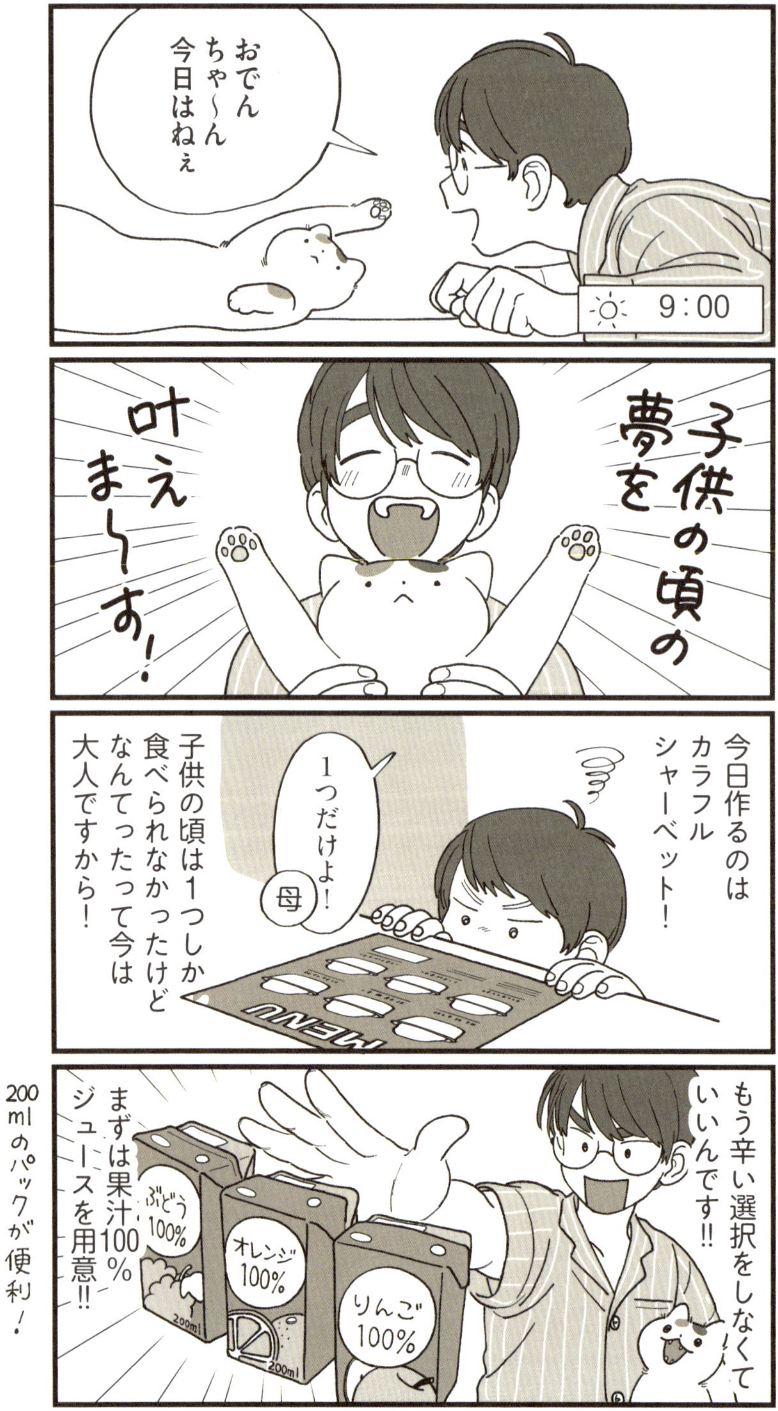

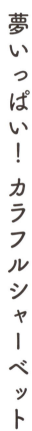

ごくり
プス
飲みたい気持ちをぐっとこらえて…
耐熱容器にジュース大さじ1を入れ粉ゼラチン2gを振り入れてふやかす
こら!
ふやかしたゼラチンを
600w 20秒チン
残りのジュースを別の耐熱容器に入れる
ビャビャビャビャ
砂糖大さじ1を入れて混ぜ
600w 20秒チン
先ほどのゼラチンを加えてよく混ぜる
チャック付きポリ袋に入れて空気を抜いてしっかり口を閉じる
これをジュースの種類分繰り返す
ちょっと面倒くさいけど夢のため…

バットなどの受け皿に平らになるように入れて
閉じ口を上向きに
冷凍庫で冷やす
1時間後 チャックを開けて空気を含ませるように
モミ
モミ
いっぱいもむ!!
めちゃ冷たいからふきんの上から
あとは2時間以上冷やして完成!
夜のお風呂上がりに食べよ〜っと!
楽しみ〜!!
夜
食べる前にもう一度よく揉んで…
ディッシャーのかわりの計量スプーン
よっしゃ〜 食べるぞ 食べるぞ

カラフルシャーベット
りんご
ぶどう
オレンジ
夜風を浴びながら食べよ〜っと
網戸は閉めたまま…
美味しい…
さわやかで優しい甘さ…
何回でもおかわりしちゃう
大人だからね…！

pajamas
gohan
recipe

夢いっぱい！カラフルシャーベット

材料（1個分）

- 果汁100％ジュース
  1本（200ml）
- 粉ゼラチン　2g
- 砂糖　大さじ1

作り方

1 耐熱容器にジュース大さじ1を入れ、粉ゼラチンを入れてふやかす。

2 **1**を電子レンジ600Wで20秒温めておく。

3 **2**とは異なる耐熱容器に**1**の残りのジュースと砂糖を入れて混ぜ、電子レンジ600Wで20秒温める。

4 **3**に**2**を加えてよく混ぜる。

5 **4**をチャック付きの食品保存用袋に入れて、空気を抜いて口を閉じる。

6 平らになるように冷凍庫に入れて1時間冷やす。

7 **6**の袋のチャックを開けて空気を含ませるように揉む。

8 再び**7**のチャックを閉め、2時間以上冷凍庫で冷やす。

9 食べる前に再度よく揉む。

arrange recipe

シャーベット★アレンジ★

ヨーグルトシャーベット

材料（1人分）

- プレーンヨーグルト（無糖）　200g
- 牛乳　50g
- 砂糖　40g

作り方

1. ボウルに材料を全て入れ、よく混ぜる。
2. 1をチャック付きの食品保存用袋に入れて、空気を抜いて口を閉じる。
3. 平らになるように冷凍庫に入れて1時間冷やす。
4. 3の袋のチャックを開けて空気を含ませるように揉む。
5. 再びチャックを閉め、固まるまで冷凍庫で冷やす。
6. 食べる前に再度よく揉む。

電子レンジで完結！ 親子丼

洗い物を最低限にするため、耐熱のどんぶりにぴったりラップをして
ラップを破かないように
卵1個 白だし小さじ1 水50mlを入れてよく混ぜる
600w 40秒加熱
混ぜる
600w 40秒加熱
混ぜる
焼き鳥を入れて混ぜる
600w 20秒加熱
ラップごと取り出して包み余熱で固める

待ってる間に…
冷凍ご飯をチン!!
どんぶりは待機
チンしたご飯をさっき卵を混ぜたどんぶりに入れ
上から具材をかける
簡単親子丼

ほあ
美味しぃ…
卵が
ふわふわトロトロ…
体に染み渡る
美味しさ…
焼き鳥がごろっと
しててジューシー
洗い物もどんぶりと
スプーンと箸だけで
少なくてサイコー!!
お腹いっぱいに
なったし
たくさん寝て
早く元気になろ!

電子レンジで完結！
親子丼

材料（1人分）

- 焼き鳥缶　1缶
- 卵　1個
- 白だし　小さじ1
- 水　50ml
- ご飯　お茶碗1杯分

pajamas
gohan
recipe

作り方

1 耐熱のどんぶりにラップをしいて、その上に卵、白だし、水を入れてよく混ぜる。

2 **1**を電子レンジ600Wで40秒加熱して混ぜ、さらに40秒加熱して混ぜる。

3 **2**に焼き鳥を入れて混ぜ、電子レンジ600Wで20秒加熱する。

4 ラップごと取り出してそのまま包み、余熱で火を通す。

5 どんぶりにご飯をよそい、**4**をかける。

う〜ん
う〜ん

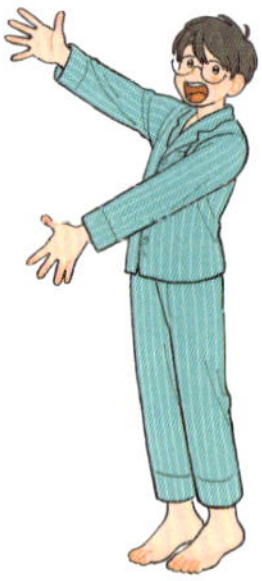

ボリューム満点！　サンドイッチ

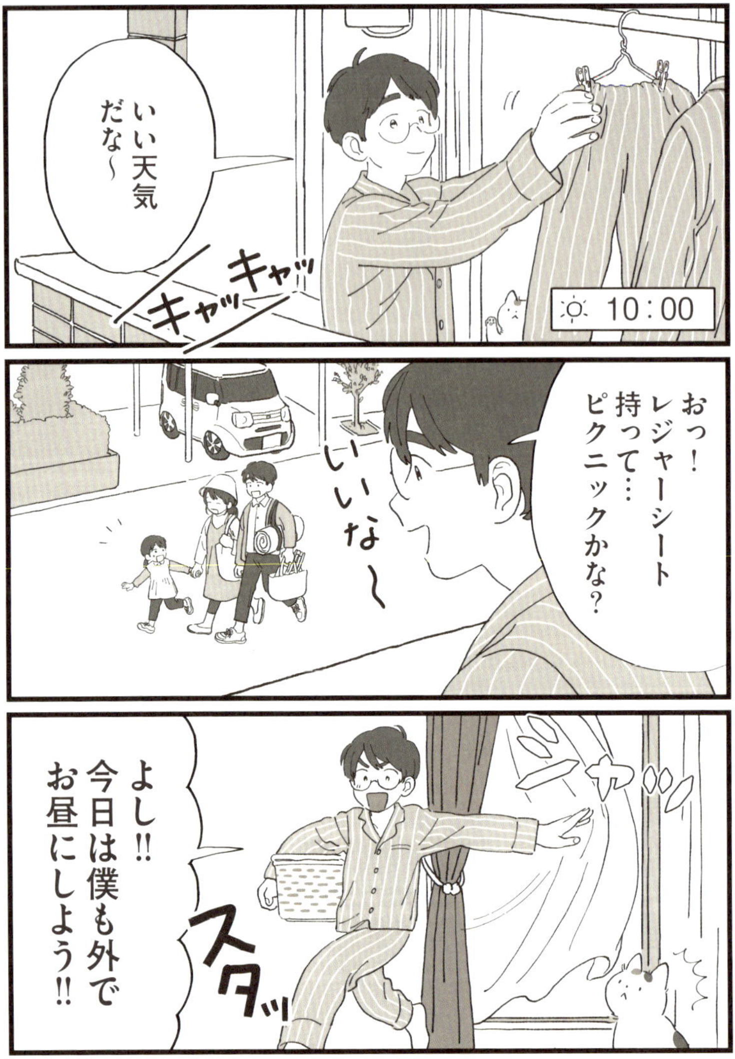

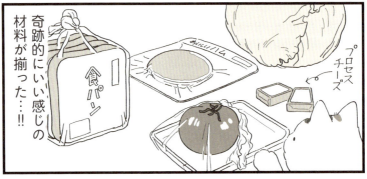

パンはトースターで焼く！
その間にトマトを輪切りにレタスは食べやすい大きさにちぎってサッと水洗いする
ねりねり
チーズに黒こしょう小さじ1/2を入れてよく練る
これでちょっぴり大人の味…
トーストしたパンの焦げ目の少ない方に
ぬりぬり
マヨネーズを薄くまんべんなく塗る
トーストの焼き目を外側にするとサクサク香ばしい！
あとは具材を順番に挟んで
パン
レタス（水分をよくふきとる）
練ったチーズ（数ヶ所にゴロッとのせる）
ハム
トマト
レタス
パン
トマトの水分がパンに染みるとベチャッとするのでパンの次はレタスがおすすめ

ボリュームたっぷり！
サンドイッチ
すまない おでんちゃん 今日はお留守番だ
ンニャー!!
いってきます
外気持ちいい〜〜!!
たまにはこういうのもいいなあ
おっ！
いい感じのベンチ発見!!

早速
いただきま〜す!!
んおおおいし〜!!
やっぱり外で
食べると格別だなぁ
こしょう入り
チーズが
いい仕事
してる!!
ガサガサ
ちょん
!?
ゴロゴロ
最高の演出…!!
外に出てよかった〜!!
ベシッ
家に帰ったら
ヤキモチ
焼かれました
ごめん

ボリューム満点！ サンドイッチ

材料（1人分）

- ・食パン　4枚
- ・トマト　½個
- ・レタス　4枚程度
- ・ハム　4枚
- ・プロセスチーズ　2個
- ・黒こしょう　小さじ½
- ・マヨネーズ（パンに塗る用）
  適量

作り方

1. 食パンはトースターで焼いておく。
2. トマトは輪切りにし、レタスは食べやすい大きさにちぎって水洗いし、水をよく切っておく。
3. チーズに黒こしょうを入れてよく練る。
4. **1**の食パンにマヨネーズをまんべんなく塗る。
5. 食パンに具材を挟む。

pajamas
gohan
recipe

arrange recipe

サンドイッチ
★アレンジ★

材料（1人分）

・スライスチーズ
（とろけるタイプ）
1～2枚

パリパリチーズサンドイッチ

作り方

1 クッキングシートを敷いた
耐熱皿にスライスチーズを重ならないようにのせる。

2 ラップをせずに電子レンジ600Wで
1分30秒、様子を見ながら端がこんがりするまで焼く。

3 よく冷ましてから、P152のサンドイッチレシピの
「プロセスチーズ」の代わりにサンドイッチに挟む。

チーズハニーナッツ

材料（1人分）

・黒こしょうを練りこんだ
　プロセスチーズ　20g
・ミックスナッツ　10g
・はちみつ　小さじ1

作り方

サンドイッチに使った、
黒こしょうを練りこんだプロセスチーズに、
ナッツとはちみつをかけるだけ。
甘じょっぱいおしゃれなおつまみ。

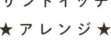

個性爆発！ みんなで餃子パーティー!!

おでんちゃんにも
おみやげ買ってくるね
いってきま～す
SUPERMARKET
ほい
ほい
ほい
ほい
お酒コーナー
お酒
あ～～
ソフトクリーム

ちょっと買いすぎたな…
どうすんだこんなに
大丈夫大丈夫！
オレ餃子100個食べられるし
ぜったいムリだろ…
書店
Cafe
おでんちゃんにはこれ！
ピェー
ビョビョビョ
いつの間に買ったんだ…
あれ
アラ！
こんばんは！

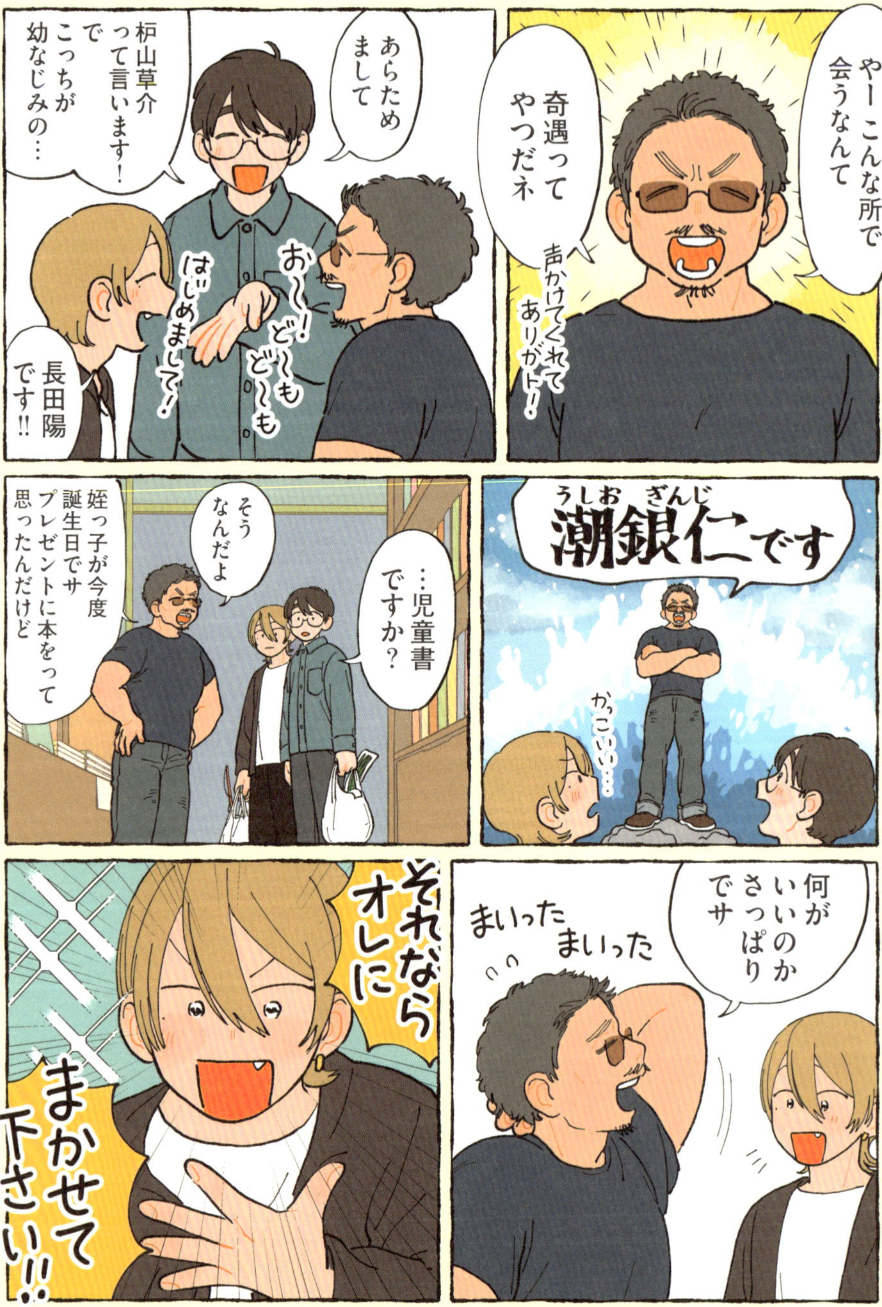
やー こんな所で会うなんて
奇遇ってやつだネ
声かけてくれてありがトー!
あらためまして
枦山草介って言います! でこっちが幼なじみの…
お〜! ど〜もど〜も
はじめまして!
長田陽です!!
潮《うしお》銀仁《ぎんじ》です
かっこいい…
…児童書ですか?
そうなんだよ
姪っ子が今度誕生日でサ プレゼントに本をって思ったんだけど
何がいいのかさっぱりでサ
まいったまいった
それならオレに
まかせて下さい!!

彼の実家本屋さんなんですよ
次期店長です
そりゃ頼もしい!!
姪っ子さんおいくつですか?
えーとたしか13歳かな
中学生に人気なのがこのシリーズでどれも面白いです
ふむふむ
こっちの本は最近映画化されて話題になってます あと…
いや〜助かったよありがとう!
for you
何かお礼したいな…

よかったら今から一緒に餃子パーティーしませんか？
いっぱい買いすぎて困ってて…
一緒に飲みましょ！
いやそんな悪いヨ…
あっ あとうち猫いるんですけどそれでも良ければ…
アレルギーとか…
エ゛⁉
ねこちゃんいるの⁉
行きます!!
やった!!
餃子作るのいっぱい手伝うネ!!
ただいま〜
ワ
ワ
おいしそうなお魚のにおいするのかな
興味津々だ
スン
スンスン

潮さん エプロン よかったら 使ってください
おう! ありが… ト…
?
あっ!!
やば
いつものクセで パジャマになっちゃった スミマセン!!!
わあぁ
あっ
いや
大丈夫
おちついて
実はオレも 家では常に ぱじゃま なんだ…
おちつく〜〜
仲間に 出会えて うれしいヨ…
同志よ…
潮さん…!!
ぱじゃまって とにかく 落ち着きますよね! 自分が自分らしく いられるっていうか… あとなんと言っても ぱじゃまだから いつでも寝れるって いうのが最高ですよね 家にいる時は 常にぱじゃまだから 同じの何着も持ってて… それで… もし良かったら…
ぎゅ
うんうん
てて〜ん
光栄だヨ
ちょっと 苦しいケド…
うれしい
感無量です
なんでオレまで…
おそろいパジャマ&エプロンスタイル

まずは「あん」を作る
キャベツ　ニラ
豚ひき肉・・・
・・・あっ
どうしよ
ひき肉だけ
ちょっと
足りないかも
もっかい
買いに
行く？
代わりに
サバ缶とか
おすすめだけど・・・
棚の奥から
発掘
サバ
サバ缶ならあります！
潮さんが言うなら
絶対美味しい!!
ニラとキャベツを
みじん切りにして
トトトトトト
早ッ!!
サバ缶を・・・
カパッ
ニャアアン
まずーい!!
おでんちゃんが
猫缶だと思ってる!!

通常の餃子
・キャベツ 300g
・ニラ 1/2束
・豚ひき肉 150g
よく混ぜる
・酒 大さじ1
・にんにくチューブ 3cm
・鶏ガラスープの素 小さじ2
・塩・こしょう 少々
ニャアアアン
サバ缶餃子
・キャベツ 100g
・サバ水煮缶 1缶(200g)
※水を切ってほぐす
・鶏ガラスープの素 小さじ1
まぜまぜ
ひたすら包む…

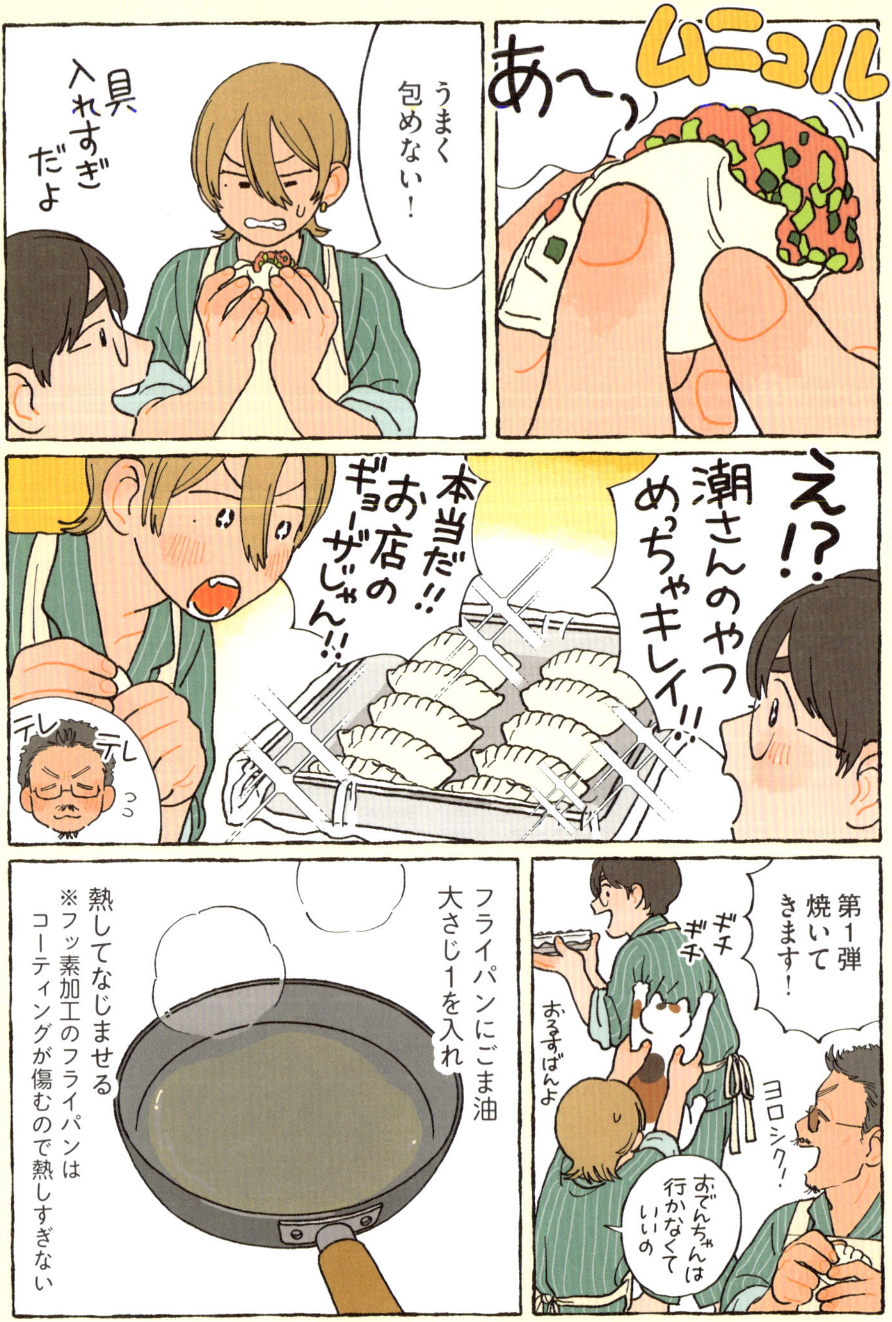

あ〜っ
ムニュル
うまく包めない！
具入れすぎだよ
え!?
潮さんのやつめっちゃキレイ!!
本当だ!! お店のギョーザじゃん!!
テレ テレ
第1弾焼いてきます！
ギチギチ
おるすばんよ
ヨロシク！
おでんちゃんは行かなくていいの
フライパンにごま油大さじ1を入れ
熱してなじませる
※フッ素加工のフライパンはコーティングが傷むので熱しすぎない

餃子を並べて…
中火
焼き色がついたら熱湯60mlを入れて
蓋をして蒸し焼きにする
弱火
水分がなくなったら蓋を取り
強火にしてごま油大さじ1/2を端から回し入れこんがりするまで焼く
↑フライパン2刀流↑
うまくひっくり返してお皿にのせる
ほいっ
お〜〜!!
パチ パチ パチ
潮さん何飲む?
オレはビールで
ぼくはノンアルのレモンサワー!

カンパーイ!!

しあわせ〜〜…!!

サバ缶の餃子初めて食べました！
サッパリしてて美味しい！
だろ〜？
ほんとだ！サバのうま味がじゅわっとくるね
こりゃ酒がすすむ味だ
レモンかけても美味しいよ！
オレが作ったやつ…わかりやすいな
あはははは
みんな個性があっていいね
僕のはちょっとほっそりしてる
具だくさん（大爆発）
オレのは大きくて食べ応えあるよ！
具ひかえめ
美ギョーザ（ひだ多め）
なんか皮に包んでないやつあるんだけど…
ねこちゃんの形？誰が作ったの？

楽しいなぁ こういうの 久しぶりだ
潮さん また一緒に 飲もうね
いいの? やったー! 次はぱじゃま 持参するネ
第2弾 焼けましたよ〜!
待ってました〜!!
おわり

個性爆発！みんなで餃子パーティー!!

材料（3人分）

・餃子の皮　50枚程度
（1種のあんにつき25枚）
・熱湯　60ml
・ごま油　大さじ1と½

［通常のあん］
・豚ひき肉　150g
・キャベツ　300g
・ニラ　½束
・酒　大さじ1
・にんにくチューブ　3cm
・鶏ガラスープの素　小さじ2
・塩・こしょう　少々

［サバ缶のあん］
・サバの水煮缶　1缶（200g程度）
・キャベツ　100g
・鶏ガラスープの素　小さじ1

作り方

1 餃子のあんを作る。※下記を参照

2 餃子の皮に包む。

3 フライパンにごま油大さじ1をひいて餃子を並べる。

4 餃子に焼き色がついたら、熱湯60mlを入れて蓋をして弱火で蒸し焼きにする。

5 水分がなくなったら蓋を取り、強火にしてごま油大さじ½を端から回し入れて、こんがりするまで焼く。

通常のあん

1 キャベツとニラはみじん切りにする。

2 豚ひき肉と**1**の野菜、酒とにんにくチューブ、鶏ガラスープの素、塩・こしょうをボウルに入れて混ぜる。

サバ缶のあん

1 キャベツはみじん切りにする。

2 サバの水煮缶は水を切ってほぐしておく。

3 **1**のキャベツと**2**のサバ、鶏ガラスープの素を混ぜる。

pajamas gohan recipe

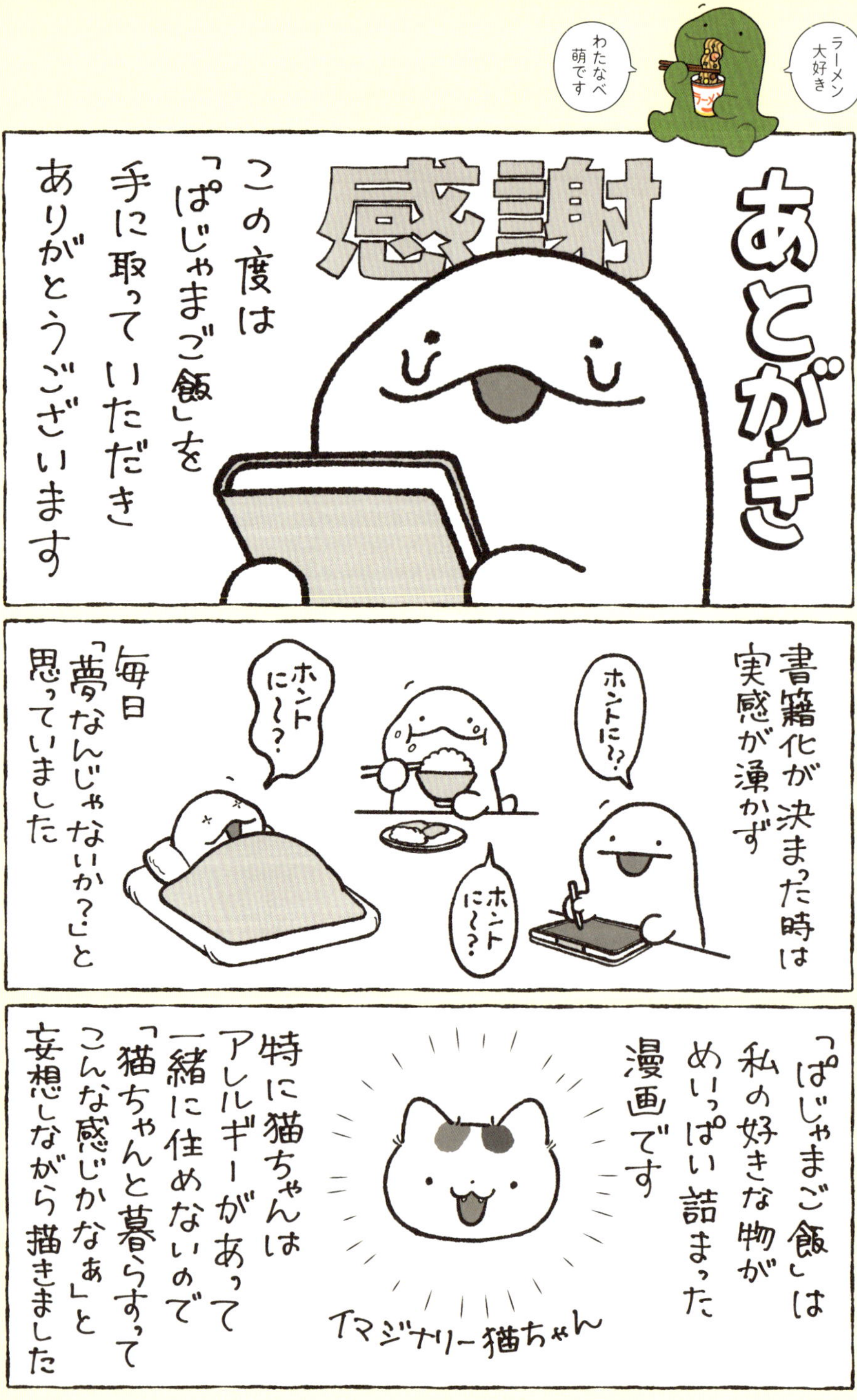
ラーメン大好き
わたなべ萌です
あとがき
感謝
この度は「ぱじゃまご飯」を手に取っていただきありがとうございます
書籍化が決まった時は実感が湧かず
ホントに〜?
ホントに〜?
ホントに〜?
毎日「夢なんじゃないか?」と思っていました
「ぱじゃまご飯」は私の好きな物がいっぱい詰まった漫画です
イマジナリー猫ちゃん
特に猫ちゃんはアレルギーがあって一緒に住めないので「猫ちゃんと暮らすってこんな感じかなぁ」と妄想しながら描きました

一日中パジャマだっていい！
完璧でなくても大丈夫
いっぱい寝ようね
この漫画の主人公みたいに自分を甘やかす事を忘れずに一緒にのんびり生きましょう
改めまして
いつも応援してくださっている皆さん
どんな時でも支えてくれた友達、家族
この漫画を一緒に作ってくださった担当編集の三戸《さんのへ》さん
「ぱじゃまご飯」に関わってくださったすべての方々に心より感謝申し上げます
本当にありがとうございました！
追伸
漫画を描くため四六時中食べ物の事を考えていたら
お腹が永遠に減り
とっても太りました!!
アチャー

STAFF

ブックデザイン
あんバターオフィス

DTP
小川卓也（木蔭屋）

校正
鷗来堂

営業
後藤歩里

編集長
山﨑 旬

編集担当
三戸菜々海

ぱじゃまご飯《はん》

2024年12月20日　初版発行
2025年 6 月20日　再版発行

著者　わたなべ萌《めぐみ》

発行者　山下直久

発行　株式会社 KADOKAWA
〒102-8177　東京都千代田区富士見2-13-3
電話 0570-002-301（ナビダイヤル）

印刷所　ＴＯＰＰＡＮクロレ株式会社

ISBN 978-4-04-684256-5 C0095